心一堂術數古籍珍本叢刊

書名：增廣沈氏玄空學　附　仲山宅斷秘繪稿本三種、自得齋地理叢說稿鈔本（下）
系列：心一堂術數古籍珍本叢刊　堪輿類　沈氏玄空遺珍　第二輯　167
作者：【清】沈竹礽
主編、責任編輯：陳劍聰
心一堂術數古籍珍本叢刊編校小組：陳劍聰　素聞　梁松盛　鄒偉才　虛白盧主

出版：心一堂有限公司
地址／門市：香港九龍尖沙咀東麼地道六十三號好時中心LG 六十一室
電話號碼：+852-6715-0840　+852-3466-1112
網址：sunyata.cc
　　　publish.sunyata.cc
電郵：sunyatabook@gmail.com
網上書店：http://book.sunyata.cc
網上論壇：http://bbs.sunyata.cc/

版次：二零一六年一月初版
平裝：三本不分售

　　　港幣　　一千四百八十元正
定價：人民幣　一千四百八十元正
　　　新台幣　六千九百八十元正

國際書號：ISBN 978-988-8317-11-0

香港及海外發行：香港聯合書刊物流有限公司
地址：香港新界大埔汀麗路三十六號中華商務印刷大廈三樓
電話號碼：+852-2150-2100
傳真號碼：+852-2407-3062
電郵：info@suplogistics.com.hk

台灣發行：秀威資訊科技股份有限公司
地址：台灣台北市內湖區瑞光路七十六巷六十五號一樓
電話號碼：+886-2-2796-3638
傳真號碼：+886-2-2796-1377
網絡書店：www.bodbooks.com.tw
台灣讀者服務中心：國家書店
地址：台灣台北市中山區松江路二〇九號一樓
電話號碼：+886-2-2518-0207
傳真號碼：+886-2-2518-0778
網絡書店：http://www.govbooks.com.tw/

中國大陸發行・零售：心一堂書店
深圳地址：中國深圳羅湖立新路六號東門博雅負一層零零八號
電話號碼：+86-755-8222-4934
北京地址：中國北京東城區雍和宮大街四十號
心一店淘寶網：http://sunyatacc.taobao.com

陰宅秘斷 計五十條

無錫章仲山原著　錢塘沈竹礽詳註

常州張姓祖墓　癸山丁向　一運扦

此局坤水曲屈而來轉巽方會聚至艮而消

	向丁	水來
六五九	一一五	八三七
七四八	五六一	三八三
二九四	九二六	四七二
水去	癸山	

仲山曰此坟葬後長房應發秀次房丁秀大盛財亦旺蓋得輔星成五吉也問之主人曰前富百萬今僅半百矣

沈註此一六八俱到向上又見水光真合五星之妙長房發秀而財不旺者蓋六為乾乾屬長六又為官星故發秀又為金生向上坎水謂之生出故財不旺次房丁秀大盛而財亦旺者蓋準一到向坎為中男故二房更發也

楊姓祖墓　亥山巳向　一運扦

三八 二三	七三 五	三八 七
四七 六	九二 一	五六 五
六五 四	二九 八	一一 九

亥山　湖　水　巳向

此局大龍從坤未轉庚酉辛直至丑艮寅而去脉從乾方腰落開窠結穴乾方有湖巽方有水呈秀

仲山曰此坟葬後自明迄今科甲連綿富數十萬人

丁亦盛蓋天盤地盤合一同宮天卦地卦亦合一四同宮之妙也

沈註此局葬於明萬曆當一白正運局勢宏敞水光圓朗龍真穴的地盤是四而向上天盤到地盤是一地卦是四而山上天盤之一又到更得向首坐下入中之卦皆合十所以自明迄今富貴未艾也

邵塘橋張姓祖墓　申山寅向　一運扦

申 一一 山 七	六 五三	五 六二
八 五三	四 七一	九 二六
三 八九	二 九八	七 四四 寅向

此局艮方有大水放光乾兑二方亦有清水映照

水

仲山曰初年立寅向不利至五六運大旺財丁文七

運後丁稀財退蓋運不得令星亦不得令兼有男女淫亂之醜

沈註一白扦此地向上水光反主凶險不利五六運入乾兌二宮之水是以大旺財丁交七運向星入中（指向上飛星之七言）星不得令也一向七到向運不得令也向首四七主女淫客星一白到向主男淫　觀此可知

旁氣一通亦主四十年財丁學者以此局為法可也

無錫石塘灣孫姓祖墓　子山午向　二運扦

	午向	
八五 一	三一 六	一三 八
九四 九	七六 二	五八 四
四九 五	二二 七	六七 三
	子山	

水去　冲背　大河

此局庚酉辛河大水宮由坤離震巽復從辰方消去坎方有大河并有一直浜當脊冲於穴後

仲山曰此坎扦後已合元運理當速發坎方之水取

四

其特也但形巒不美一失元運即財丁兩退主人曰

我祖墓此坟時賣糖度日墓後本身發有十餘萬下

至數世猶有五六萬帷了大減

沈註墓後大發財丁者因兩盤旺星到後坎方有水

特大名曰倒瀾其發最速天玉云吉星先入家豪富

其餘兌離巽之水背收不起故一水得元然坎方水

雖特大而當背沖来究屬不美故一交七運大敗也

上虞魚山鯉錢姓祖墓　辛乙兼酉卯　二運折

低田　辛山

水來

五八三	六七四	一三八
九四七	四九二	八五六
七六五	二二九	三一一

乙向

水去

仲山曰此局㙮後財丁兩旺兼出科甲每中必准更辛

未年出一詞林係丙申命然此地必出聾目寡婦尤發

沈註財丁兩旺雙二到向水外有山也向上飛星二到向白下水

本子吉以水外有山仍係上山故佳五六運內科甲每中必雙者因兌

乾二方飛星是五六此戌方又有山峯故五六兩運

巽方

主中雙巽方消水處雙一到也此即城門一訣法

定位是肆雙一到為壹四同宮城門即水口也丙申命辛未入翰林者中宮

是九二向上亦是九二九即丙戌即申況辛未年九

入中二到山所謂太歲臨山山上是七七即辛太歲

是二二即未二七同宮即辛未也向上兩二太歲吊

照是年九入中宮七到向亦即辛未也中宮運盤是二

七運七入中亦辛未也有此四辛未故入詞抹也出
瞽目寡婦者向上是二九弍為寡宿又為土九為目
土入於目為地火明夷故出瞽目寡婦尤發者因向
上有水也柒運小房必有絕嗣者因柒上山故也向上
飛星到山是柒為上山柒兌為少房故九運向星入
絕嗣上山之凶如此若有水則無害矣
中必退財損丁兼有九災凡三四到向定主火災書
云柒九合度患火為惟均又云火若剋金無化木數驚
回祿之災即此之謂也九運運盤九入中七到向山山飛星變九到向向上飛星
七入中是中宮與向皆七九同度也九七為火剋金
在乙向為化木故主火災退財損丁向星入中曰入
因類然科目終不斷因城門地畫八卦是四變壹同
如此

到巽得四一同宮之妙也

孫姓祖墓 壬山丙向 二運扦

(水)

九八 四	四四 九	五三 八
二六 二	六二 七	一七 三
七一 六	八九 五	三五 一

丙向

壬山

此局向上無水兑方有水放光

仲山曰此局初年財運不大後主肉妓破財

沈註變二到向囚向上無水故財氣不大兌方丙四一九名四九為交雙四即變巽巽木剋中宮二土又剋向上丙二土兌方水大放光四九陰神也故一失運即主囚耗破財

章姓祖墓　壬山丙向　二運扦

九八 四	五八 九	八五 三
丙二 向二六	六 七二	一 三七 壬山
七 六一	八 五九	三 一五

仲山曰此局葬後財丁兩旺然主家主不壽世出寡

婦及被僧尼耗財

沈註財丁兩旺者因旺星到向也然雙二加於運盤之六土重埋金六為乾故主家主不壽世出寡婦者二為寡宿故也失運時多被僧尼剝削耗財因二為尼姑之類也

施姓祖墓　　酉山卯向　　二運折

低田
酉山

三八 一	七四 六	八四 三 五
五六 八	九二 四	四七 九
一一 三	二九 二	六五 七

右橋　卯向　水

此局坟後低田兑水遠来從乾坎艮至震方開宕巽方有橋水從橋下出

仲山曰此坟塟後大發財丁兼出秀且入泮必雙然 九
主世出寡婦瞽目
沈註大發財丁者雙二到向向上有水也入泮必雙
者城門在坐雙一到也一四同宮本主科甲因龍力
不強但出秀才此美中不足耳世出寡婦瞽目以向
上雙二到九故也

裴姓祖墓　未山丑向　二運扦

未八八 山二	三四 六	四三 七
一六 四	五二 八	九七 三
六一 九	七九 一	二五 五 丑向

此局坤方有城樓兑方有河開洋由乾坎艮至巽方石橋下消去

仲山曰葬後長子因姦傷足次子先充兵丁而後致

富耄應

沈註此局運星到山到向本無不利長子因姦傷足者因辰方有石橋高聳向上飛星之陸到巽六為長子山上之九又到九為中女老父中女配非正耦故主姦淫乾方有水運盤之山到乾山上之七又到乾為兑金折震足之象次子充兵丁而致富者兑方開洋以聯珠法推之向上之三到兑為進神水山上之六亦到兑六為武人所以先充兵丁而後致富也兑為少女故應少房三到兑為進神水者與兑七為合十也

錦棚橋陸姓祖墓　酉山卯向　二運扦

水 一三二	五八六	水 三一八
卯向 二二九	九四二	七六四 酉山
六七五 水	四九七	八五三 水

此地乾坤艮巽四維有水放光水外皆有秀峯如文筆

仲山曰此坟扦後大發財丁兼丞名儒交五運未損

十一

丁八九主人曰何知之詳答曰此由艮方之水填实故也

沈註乾坤艮巽方有水爲四庫齊開又爲四水朝陽本卷元不替之局况水外四方皆有山且秀如文筆共力尤大而又雙二到向旺星照穴所以大發財源兼玉名儒惜五運艮方填实所以斷五運未傷丁八九人者以五運後十年已通六氣艮方六到填实處名曰水裏龍神上山安得不損人丁呼坤爲文書爲二此雙二臨於向首故玉名儒也

狀元錢茶山祖墓　丑山未向　二運扦

此地左右兩山環抱

坤峰高遠秀麗可愛

坤未方有大湖離方

水圓如鏡近在穴旁

水		湖　未向
六九 一	一四 六	八二 八
七一 九	五八 二	三六 四
二五 五	九三 七	四七 三
丑山		

仲山曰此清貴之地庚子丙子生人應發科甲茶山

十二

郎庚子生有丙子生人少年登科甲不寿

沈註兩山環抱朝山秀拔在高水前大湖此局齊整極矣故主清貴庚子丙子生入發科甲者從高方之水斷之也高水圓亮如鏡近在穴旁郎是城門一訣蓋天玉以水之照穴有情處為城门况文四一同宫安得不發科甲庚子丙子生人者山上飛星之一到高壹中有子故也然庚子分金為正丙子已偏故少年登科而妖 覌此可悟定生肖之訣高上城門換星是六為戌陰入中逆飛二到高為旺此吉城门一訣也吉高上換星是六飛星是一六為金一為水故為丙子居九一為丙子換在巽位視高方城门為偏也

鮑姓祖墓　辛山乙向　三運扦

辛山　(水)

四九八	八三五	九四四
六一七	一五三	五九八
二六二	三七一	七二六

(水)　乙向

此地兌卯二方有水艮方高墩墩外有一峯高聳卯方向上之水映照坐後兌方之水暗拱

仲山曰此坟隨葬隨發財旺而丁不旺一交七運二

十五

房官訟不止且房房損女丁蓋兑為少女為口舌也

沈註隨壅隨發者旺星到向且有水也丁不旺者山

上旺星臨水故也七運傷女丁者庚方是七不但無

水反見高獻高峯者曰上山故主傷女丁也二房官

訟不止者二臨艮位故主二房六臨艮位故主官訟

七兑為口舌為少女甲子年太歲是七七入中則官

訟坐中矣一到艮方金生水出故主官訟破財也

丁卯年太歲是四四入中七到艮七赤重逢七赤故

主口舌傷女丁也

錢塘魯斯占祖墓 丙山壬向 叁運卄

此穴平地開窠甲庚

壬丙四方均有水亮

六九 二	丙山 水 二四 七	四二 九
水 五一 一	七八 三	九六 五 水
一五 六	三三 八 水 壬向	八七 四

主人先曰此地玉神童仲山曰此局甲庚壬丙之方

十四

水開宮有光天卦辰戌丑未四支加臨於甲庚壬丙四干上言玉神童非誑言也運盤山上換星是七為庚向上換星是八為丑山上飛星二到山為未三到向為甲九到丙為丙七入中為庚向上飛星三到向為甲四到山為辰六到庚為戌一到甲為壬故曰辰戌丑未四支加臨於甲庚壬丙四干之上也

沈註宝照云甲庚壬丙最為榮下後兒孫玉神童又云要稟鉗脉到宮此地平洋開稟又得甲庚壬丙水亮合寶照之法況天卦向得旺向又丑甲俱到山上庚未辰俱到震方壬甲到兌方戌 丙庚俱到一 氣清純玉神童何疑乎

某姓祖墓　巳山亥向　三運折

巳山　田水

一三 二	六八 七	八一 九
九二 一	二四 三	四六 五
五七 六	七八 九	三五 四

大河　亥向

水去

此地甲卯来龍轉巽巳入首後明堂田水後兑方到向壬子癸方有大河來穴前開宕從戌乾消出下砂環抱有情辰下有缺卯下一峯秀撥朝山

土屏開面，仲山曰此局上山落水葬下大房平平

十五

二房少丁因震方有山二房居於震位故也山上飛星三到向曰下水向上飛星三到山曰上山三為震故屬長房一為坎為中男挨震九為離為中女飛震有山無水故二房少丁

陸運改葬巳山亥向　沈註葬後大旺財丁因兩盤旺旦旺星進六到向故也但向上運星是七旺星是六七為口舌六為官事故主多訟缺唇在兌故出無唇之人交七運財丁兩退因向星入囚故惟功名反能開科秀才生貢不一其人此因艮方是四七運運星飛艮是一來方是一七運飛來是四兩處得四一同宮故發科名也至八運則平平矣

經姓祖墓　巳山亥向　三運扦

一九八　六五四　五四三
八七六　四三二　九八七
三二一　二一九　七六五
巳山　　　　　　亥向　去

龍從巽巳方入首
虎砂揣抱有情有力
走龍略宕兌有水放
光坎方有小河橫過
艮方有小山塞水口

仲山曰此局三運葬後大房不利餘房平平

沈註大房不利者因震卦上山下水故也震為長男五六兩運二房發財丁者取兌方之水故也兌方木六應主長房今發二房者以此時長房已絕也至七運多官訟者艮方七六同宮又有山故也故至七八兩運財氣大滅至九又當趨色因坎方是九又有水映襞也

前墓于四運建碑修理明圖於後

巳山		
四四 三	八九 八	六二 一
五三 二	四五 四	一七 六 (木)
九八 七	七一 九	二六 五
去	小河	亥向

沈曰此地於四運照原向建碑後二房於六運大發財丁長房大敗此因向上飛星之四到山四即巽巽

十七

為長且六白又飛星到乾犯伏吟故主敗二房於六運發財丁者因山上飛星二到向方六白同宮故主發七運財氣亦好因兌方有水七運多官訟因兌方六七同宮六為官事七為口舌也二房獨者因兌方之水是七七為少也八運平平者艮方有水故也此地本山顛水倒主不吉發者因龍真穴的四四運建碑之後龍得旺龍又向上飛星到山到向四六合十故也

秘中堂祖墓　子午兼壬丙　三運扦

平田　午向

六 八 二	二 三 七	四 一 九
五 九 一	七 七 三	九 五 五
一 四 六	三 二 八	八 六 四

低田　子山　水

乾亥来龍轉坎入首艮方有蕩坤方有水曲至離方大開洋至巽方消出兑方低田結穴亦低田

仲山曰卯山卯向卯水源合江西金局初扦時必不

能發六運大發富貴

沈註此局向上以星到山上用変卦七入中順行旺星到山三即卯所謂卯向卯水源者離方開大洋故也況運與向合十為最吉又艮坤方為一四俱有水光照穴安得不大發富貴耶初扦時不發必至六運大發者蓋江西赣為地元地元無收貪狼不當正運傍他涵蓄力不專故遲也六運客星貪狼到向水能生木自然一富貴驟興非若他宮一卦乘時催官轉法者之比比矣

嚴探花祖墓

辰山戌向　叁運扦

三 一 四 向 戌	二 九 五	七 五 九
八 六 八	四 二 三	七 九 七
一 八 六	六 四 一	辰 山 五 三 二

此地艮方高山雙峰落脉壬昚拾餘丈左右砂緊緊環抱卯方水貼近巽離坤三方大湖湖外有山乾方有峯秀美挺拔堆峰尖稍歪

十九

主人曰葬此坟時地師云可惜此几峰不正他年必

中探花郎仲山曰此地師之託詞耳其實探花不關峰之歪由換星壹肆同宮稍涉偏歪之故主人問換星何以偏斜仲山笑而不答

沈註一四換星偏斜由運星之四到向又以山上之一到向不能以向上之一到向故也

唐姓祖墓　甲山庚　四運扦

三 七 三	七 二 八	五 九 一　水
四 八 二 甲山	二 六 四	九 四 六　庚向　水
八 三 七	六 一 九 水	一 五 五　水

巽方大龍從震艮而去寅甲方落脉結穴左右兩砂環抱內堂壬水聚蓄如鏡亥方停貯戌乾方開洋辛酉狹細庚申方又開洋仍從坤申轉至庚酉辛方又開洋再轉至坤申未方出大河又開洋如鏡放光

二十

仲山曰此地齊整極矣又於開洋處合得天卦旺神豈有不大發財富乎有言内堂壬水主發科甲財不到百萬不止者不知功名以生坐山定以城門定此地富有餘而貴次之科甲之說乃胡猜也此地水流屈曲歸庫又得開洋放光之雄妙且水到水山到山故主大發惜乎地運太短一交六運向星入中退財傷丁至九一兩運又當趣色蓋九一兩方有水故也

唐姓祖墓　申山寅向　四運扦

申山

四一	八五六	九六五
六三八	一七四	五二九
二八五	三九二	七四七

寅向

龍從離方來由坤入
首兌（坤）方有河乾方有
高屋艮方有大河水
光照酉從震方消去

仲山曰此俗所謂寅葬卯發地六十年財丁兩旺之

二十一

局也一交下元主傷少年無多血證財亦大退矣主人曰所言不謬但地有三房公位若何仲山曰長房財丁均少葬時已發至今不過如是次小兩房大減色矣主人問故仲山曰此理難言可顯見者西北方有高屋也

沈註寅葬卯發者旺山旺向且向上有大河放光照面故主速發也一交七運傷丁退財無中血證者因向星入囚且中宮是七一同宮七運運星到向亦是一向上一盤是七亦七一同宮七為少一為血向上大水即變為血故主傷丁退財兼患血證也長房不

發者因乾方本位是六飛星到乾亦是六已犯伏吟
又高壓逼壓故長房不能發也不敗者何也因向上
旺星是四山上旺星亦是四四即巽巽主長故長房
亦不為敗也向上所臨是七出水方所臨是九七為
少九為仲故主次少兩房發七運入囚故兩房敗矣

二十二

馮姓祖墓

未山丑向　四運扦

六 九　 三	二 五　 八	未山 四 七　一
水　五 八　 二	七 一　 四	九 三　 六
一 四　 七 向　丑	三 六　 九	八 二　 五 來

去

此地乾方有橋水從橋口來橫过壬子癸至丑庚寅三文而王甲卯乙方有水放光有大河东至丑艮寅方合三义消丙巽方有一高峯

仲山曰此坟葬後初年不利五運大發財丁六運官

二十三

訟不休大敗七運不可救矣

沈註初年不利者因旺星到後故也五運大發財丁者因震方大河五到震也六運大敗官訟不休者因巽方是六閉塞不通且官星高聳故主官禍至七運入囚故不可救藥矣

施姓祖墓　酉山卯向　四運折

低田
酉山

八一三	四六八	三五七
一六八	二四六	七九二
一三五	九二四	五七九

卯向

此地坟後低田兌方
遠水從兌至乾坎艮
震至巽巳橋下消出
坟前有池

仲山曰此地山顛水倒主不吉因龍為旺龍又中宮

坐山均合十故發財丁惟瘝婦代不能免五七運好

六運平水出巽主發秀

沈註旺龍者酉山運星是六地盤是七名此和故旺

向星到後後有低田遠水又得中宮四六合十山上

四六合十故墓後大發財丁也向上運星是二中宮

亦是二二坤為寡宿故代出寡婦三四入為此地旁

氣甚逼發必久遠旺星到乾是五艮方亦是五均有

水故五運佳六運平平者六到午無水故也坎乾是

七而有水故七運又佳巽方一到地盤是四一四同

宮故秀才不斷惜有橋相沖不然出科甲無疑矣

錢姓祖墓　丁山癸向　四運扦

	丁山	
七一 三	三五 八	五三 二
六二 二	八九 四	一七 六
二六 七	四四 九	九八 五
	癸向	

水

仲山曰此坟葬後漸漸起色至六運出醫甫生大興家

業七八運平九運主敗且家門不潔

沈註墓後起色者甲卯乙方有水故也六運出醫生起家者因山上飛星六到震震方有水故大發兩盤二黑到震故主醫生發家也七八運平者向上飛星七到兌八到乾兩宮無水又無山故也九運向星入囚故主敗向上四九為友（四九為陰神）九運運星五黃到向故主家门不潔

談姓祖墓

壬山丙向　四運扦

此地未方有塔坤申小水兑乾略大而聚至坎至艮而消离方有高地艮方有屋

九 八 三	丙 四 四 向 八	二 六 一
一 七 二	八 九 四	六 二 六
五 三 七	三 五 九	七 一 五

高地　壬山

仲山曰此地四房齊發一無偏枯雄長房丁氣稍薄

二十六

主人曰丁氣不壽特多損少年

流往四房齊發者孟仲叔季卦理各得也惟未方之塔山上飛星是六到六爲乾屬長艮方之屋山上飛星是三到三爲震亦屬長山上飛星四到向曰下水四爲巽亦屬長故應長房損少年者艮方地盤是一七七爲少女有屋故損少年也

鄭姓祖墓 乙山辛向 四運扦

此地卯方大墩乾方
蘆蕩水從兌坤屈曲
而消亥方有浜坎方
有池離方有遠山

辛向 浜 池 乙山

三八 一 八四 六 七三 五
一六 八 六二 四 二七 九
五一 三 四九 二 九五 七

仲山曰此坟葬後損丁出寡交五運財氣大利六白

二十七

即退現行兑運丁口可虞主人曰甲子乙丑連傷三男二女仲山曰以後还恐有損於乾當方栽竹掩之沈註此局以四入中六到向向不得時作衰向論二上上主出寡四入中主損丁惟乾方之盧蕩水有五到故一交五運財氣大利所謂他處有水尤切近者較向尤重也一交六白即敗者六入金尅巽木再以客星八到向安得不退財行兑運乾方受五去已久者為死是以損丁甲子太岁六入中八到向四到山為上山乙丑太岁七入中尅中宮巽木傷三男二女宜吳仲山云栽竹者蓋欲蔽七五之煞氣也

青城橋徐姓墓　　乙山辛向　四運折

此地辰山轉甲入首巽巳界水兑方內朋堂有水戌乾亥大水子癸大河直長沖腰外堂兑乾兩方大水

六三五	八四六	三八一
七二九	二六四	六一八
五九七	九四二	一五三

辛向　水　乙山

仲山曰此坟折後財丁兩少且長房多出孤寡悉驗

沈註此局犯上山下水自然少丁財巽氣失令長房自然多孤寡别處雖本有作五運排者如果五運到山到向財旺而丁亦旺何謬曰山臨五黄主少丁也且坎方直河冲腰四運中是二五運中亦是二坤為寡宿亦為長房四運本剋土尤為確當或曰世世不斷寡婦有補救法否曰乙山辛向三五七運當旺一交運旺可於原向建碑自然丁財兩旺且免孤寡之患矣此今為嘉慶十八年仲山手所定圖真本也

黃姓祖墓　癸山丁向　四運扦

此地坎方高田落脈
面前低田兌方有直
水來

低田　丁向

一七 三	五三 八	三五 一
二六 二	九八 四	七一 六
六二 七	四四 九	八九 五

癸山　高田

仲山曰扦後拾餘年財丁不利長房尤甚且犯血證

二十九

壹交柒運有服毒身死之人

沈註此局四綠上山長房不利兌方柒一同宮到血證不免且兌方運星陸白水上壹白山上柒赤柒運九到兌并將山上四綠帶來木生火火剋金金為石即服砒霜之類書云我剋彼而竟遭其辱因財帛以傷身四玖剋陸金是以服毒身死也

趙姓祖墓　壬山丙向　四運扦

池

二一 六	六六 二	七五 一
四八 四	八四 九	三九 五
九三 八	一二 七	五七 三

丙向　壬山

此地龍從乾轉坎入首左右兩砂環抱有情龍氣穴前不見水情坤上有池圓亮放光

仲山曰扦後出老寡婦交八運應有老病小兒

沈註此坟向上無明水雖有旺星不過平平況坤上有池天卦二剋地卦一坤為寡府為老母故出老寡也八運向星入中本不利四為文曲八為少男以之曲木剋八白土故出幽冇屬小兒此從向首斷也

蔡姓祖墓 庚山甲向 五運扦

來

庚山

六二 四	二七 九	四九 二
五一 三	七三 五	九五 七
一六 八	三八 一	八四 六

來

去

甲向

湖

此地戌乾來龍轉庚入首未午巽卯四方皆有水消於艮方五里湖而出坎方亦有水亦消於五里湖

仲山曰此一向龍配六百水財貴兩全之地然初扦

三十一

不利退損財丁交六運財漸旺主人曰財丁不知其詳惟蔡培于戊辰己巳連捷發貴無疑矣

沈註此地上山下水如何云財貴兩全蓋獨取五里湖為城門運盤按星八到艮入中逆飛五到艮是為城門一吉艮方山上飛星是一到為一白龍向上飛星是六到為六白水所以主財貴也七運客星七入中一到艮戊辰年太歲三碧八中六到艮四到乾一到向是一白重逢一白六白重逢六白己巳年太歲二入中四到山一到巽九到向故主連捷也按山向為四九為支巽方為四一同宮

前坎六運附塟明圖於後

仲山曰六運附塟後

大發財丁兼發科甲

七三 二	九一 四	五五 九
二八 六	四六 八	六四 一
三七 七	八三 二	一九 五

沈註改塟後大發財丁者所謂旺山旺向也六白龍配一白水者因龍從戌乾來戌乃地盤之乾六坐山

三十二

乃旺星之六皆為六白龍五里湖放光是為一即一白水故云六白龍配一白水主科甲也戊辰己巳連捷者一白加臨也戊辰年坐太歲是四吊照中宮之四年白九紫入中一白到乾八月月白七赤入中一白到五里湖奎星加龍加水口故中所生之人必壬戌或甲午命因從戌乾來戌犬也乾馬也一白加於戌乾上故主壬戌甲午命也己巳年坐太歲亦四吊照中宮之四年白八白入中九紫到乾一白到山三月月白亦八白入中九紫到乾一白到山故連捷也

某姓墓　乙山辛向　五運扦

四八 四	三九 八	一二 六
九三 五	七五 三	五八 一
四八 九	二一 七	六六 二

乙山　辛向　水

巽龍轉甲入首巽己方界水兌位有內堂水子癸方有大河冲腰戌乾大水外堂乾兌丙宮大水

仲山曰此坟葬後財氣漸旺因乾兌丙宮有水山臨

二十三

五黃主丁少且坎方有直河冲腰主出寡婦坤為母故也主人曰寡婦世世不絕

沈註此局葬後財見旺者得向上旺星又有大水故主財也山上旺星是五本主多丁今云丁少者因山上運盤是三旺星是五木剋土也中宮亦犯此病故主丁少坎方直河冲坎方是腰一為中男向星飛到是二土剋水也二為坤為寡宿犯直河冲動定出寡婦若無直河雖二一同宮無此害也然此地一交七運向星入中必主敗矣

徐姓祖墓　卯山酉向　五運扦

此地離方有水巽方水特大艮方又有大水卯方有水小池兌方有山高而逼

六一二	一五七	二六六
八二三九	三七五	七二一
四八四	五九三	九四八

卯山

仲山曰此地扦後大主淫乱主人曰先生須看得真

三十四

仲山曰　非此無可斷主人默然

沈註此局葬後主淫乱者因兌方有山高而逼肚氣不通伍為玖离也离為中女主婦人掌權乾為主為夫六到乾位己犯伏吟故主家不嘗閒事主淫乱者卯方池水是五九艮方大水是四九書云陰人滿地成群紅粉塲中快樂巽為長女离為中女均生慾火故主淫乱也

伊姓祖墓　癸山丁向　五運扦

此地巽方溪水來從離橫過至庚酉辛屈曲消歪巽方　育節孝坊

四 三 二	六 五 九	二 一 四
八 七 七	一 九 五	三 二 三
九 八 六	五 四 一	七 六 八

丁向　癸山　　益

仲山曰此地葬後大發財丁惟無讀書人六運平柒

三十七

運又大發然多口舌官訟

沈註大發財丁者因旺星到山到向向上有水故也巽方本一四同宮人有節孝方高起主發科名因地卦二乾天卦一故不出讀書人六運平平艮方無水故也柒運大發因水居曲出兑方也柒運多官訟者柒為兑為口舌　又運盤到巽是六六為官事巽方節孝坊高起故也　此坟未方有穴相連山向局運均同葬後亦大發惟啞二女一子因伊姓坟塞於兑方兑為口為少女故主二女一子啞者因八到兑八為艮為少男故一子啞此毫無千里落空亡之謂也

華姓祖墓　癸山丁向　五運扦

此地巽方來水至兑方屈曲而去又巽方水外有尖秀之峯

仲山回此局葬後大發財丁科甲柒運大發刑名官

三十六

沈註發財丁者旺星到[到山]向向上又有水故也主科甲者巽方四一同宮又得水外尖峰之妙離二黑同到不能害也書云一四同宮準發科名之顯六運平平因艮方飛星是六艮方無水故也七運大發刑名官位至三品因双七臨於兌而水又屈曲而去此即城門一訣法耳

周姓祖墓　壬山丙向　伍運扦

(水)

六二七二	二七三	一六二
丙向 四九土	九五一	五一六 壬山
八四九	七三八	三八四

仲山曰此地初葬不利陸運大發財丁財八運居長敗

三十七

沈註初壟不利者上山下水故也交六運丁財兩旺者以坤方有水放光坤方是陸故主六運旺也一交捌運長房不添丁財亦敗矣八運向上飛星七到丙七赤金剋四綠木四爲長女故應長房尒時長房尚有一字至道光七年丁亥二黑入中六白太歲到向金剋木故長房之子玉膺而亡

某姓祖墓　癸山丁向　五運折

此地水從巽方來至兑方消出兑方有峰

四	九	二
三	五	七
八	一	六

仲山曰此坟丢後主發財丁雖二女一子皆啞

沈註二女一子啞者因兑方有尖峯兑為口舌變七臨兑兑為少女故主二女啞也一子啞者因八到艮艮為少男故主一子啞也發財丁者旺山旺向向上有水故也

餘姚徐姓祖墓　丑山未向　五運枡

水

此地乾方有水巽方有一紅廟

未五二 向二	九七六	一六七
七九四	二五八	六一三
三四九	四三一	八八五 丑山

兌

錢蘊岩曰此坟葬後富貴兩發六運中鄉榜五人出

三十九

一神童年十五中進士十九歲吐血而亡現交八運長房淫亂今科名己無財氣甚大

滄註此局大發財丁者旺山旺向且中宮是五向上是五山上又是五山向合十與中宮亦合十故也發科甲者乾方開窗之水一六同宮巽方又四九為友也中五人者山上旺星是五故也吐血而亡者紅庙高聳也八運無功名者八白上山艮方無一四也八運長房淫亂者巽為木為長女故應長房巽方有九九為慾火且有三為長男為賊星以慾火之女與賊星之男同居能免無淫亂耶財氣旺者合十合十五故也

陳餘六祖墓　乙山辛向　六運折

戌乾亥有浜水至庚酉辛濶大坤申消出艮方另揷一浜真射穴後

五一 三	一六 八	九五 七
三八 二	八四 六	四九 二
七三 五	六二 四	二七 九

辛向　乙山

仲山曰此等山向凶多吉少主人云墓後六百餘畝

田一敗如灰寡居五人仲山曰六上山下水其禍安得不如此

沈註此局艮方一浜射入到艮之星是二七二為寡宿七為少女且山上六白為男男以落水故主傷男而出寡也來水去水向前並尅蓋向上是一來水是九為水尅火向上是一去水是五為廉貞作火論五亦水尅火飛星又上山下水故墓後一敗如灰也然此地必無氣如有氣之地雖財丁兩敗而功名可許因乾兌兩方有水一為魁星九為文明雖尅無碍也

鄭姓祖墓　癸山丁向　六運扦

此地由癸丑艮高山出脉乾上潤水声响從兑坤流至离方艮艮方拖出一條山囬卯方低至巽方高起

丁向 四三八 八八四 九七三 水响
六一六 一六二 五二七 癸山
二五一 三四九 七九五

仲山曰此地初葬時有旺星照穴离方有水尚屬平

四十一

順一交下元甲子損丁作賊且犯血證蓋損丁者廉貞並臨作賊者破軍失陷故也

沈註此局初塟順利者旺星到向午方有水也赤七氣不適又有捲出一修穿砂故交下元甲子主作賊坐山上亦是七到作賊者定是本家坐山上元五交加又五七同宮乾上七九同宮七為口爲火色紅故主吐血况火尅金乎然此地交八九兩運應順利因乾兌兩宮有水也但盗禍終不能免因艮方有穿砂形不美故也

周姓祖墓　壬丙兼亥巳　六運扦

八三五	丙向 六一七	高田 一五三
低田 四八九	二六二	九四四
三七一	七二六	五九八

壬山

龍從坎方低山穿田至河口兑方有低田界清脉氣坤方有支水来堂来方亦有一支水暗来不見穴前只見辰巽巳三位高田不見水光坎方有河開启由震消艮

仲山曰此地惜前朝遠而不秀巽方水未能圓亮放

四十二

光否則為狀元地也今狀元峯不秀特貪狼方又無水富而已矣恐小功名亦难得其言悉符

沈註此局壬丙兼亥已用坤壬乙法一言向上飛星為一即壬壬換巨门不用一而用二入中替卦法也向上得一六八山上亦得一二八故仲山許為狀元地也然巽方一白是乙田而無水狀元峯即朝山而不秀故言小功名亦無有僅得富而已若朝山一秀巽方有水放光此即六白秀峯配一白水有不中狀元者哉

胡姓祖墓　年山子向　六運折

離方有高山乾方有石橋艮方亦有石橋乾方来水艮方亦来水至亥方消去

八三四　四八八　三七九

六一六　二六一　七二五

一五二　九四三　五九七

去　来　向子　来

仲山曰此局塋後傷丁祖業敗盡

四十二

沈註此局旺星到高山乾方来水石橋是三七九向上是二五七艮方石橋是五七九雖山上旺星到山不旺人丁而反損丁何也因乾艮坎三方大凶故也此可參山旺人丁之活法

陳姓祖墓　庚山

庚山甲向　陸運計

二七 三　　六二 八　　七三 七

四九 一　　八四 六　　三八 二

九五 五　　一六 四　　五一 九

甲向

仲山曰此局寅峰獨高艮宮見水讀書之声弍元不

四十四

絕安此局旺山旺向向首二四同宮全局合十故也現行撥運少丁少財且主玉賊

沈註寅八峰高起探頭在陰位本家應玉一賊其應在戌房以坎為中男離為中女故也按撥運換星二到寅山上飛星四到寅皆陰位也

孫姓祖墓　癸山丁向　六運扦

向丁 四三 八	一 六 二	五 二 七 山癸
四三 八	八八 四	九七 三
丁六 六一	一六 二	五二 七
二 一五	三 九四	七 五九

此地午方有霸水，响從未坤申轉庚酉辛闊大至辛戌方消去

仲山曰葬後財丁大旺惟子孫多頭眩病　七運平穴

四十五

運財更旺

沈註塟後財旺丁者因隻六到向向上有逆水故也山到向上為下水然隻六為此和故丁亦旺也子孫多頭眩病者因向上旺星是六六為乾為首填水响動故主頭眩且山上龍神下水亦主外證也坤上之水是四木兑方之水是八酉七金剋四木我剋者為財又土生金故大旺財也七運平平艮方無水故也八運財更大者兑方有大水也

金姓祖墓 巽山乾向 陸運折

此地来龍由巽入穴向上湖水如鏡坤方有水兑方有遠水来合龍於坎震方有河

巽八山四五	三九四	四八九
三九一	七五六	二一三
一二三	五七八	六六七 乾向

河濱

河

水

仲山曰此坟主發丁財兼有秀只坤上之水夭秝受

四十六

乾主損丁男主人問何房承當仲山曰房房沾着蓋由換星地卦二乾天卦一故也

沈註此為財丁秀之局向得旺向財也向上亦添丁故主財丁六白為官星故主秀兑方遠水來兑是五有水來地之力反悠久即七赤運亦不忌其入中矣坤方地卦是二天卦是一謂之下乾上水被土制此方又有水故主損丁况坎方亦是一二巽四上山安得不房房沾着手按山上飛星六到向曰下水主傷丁雙六到乾向犯反伏吟故有此巽四上山亦犯反伏吟也

徐姓祖墓　癸山丁向　六運附墓

四八 三	八四 八	九三 七
六六 一	一二 六	五七 二
二一 五	三九 四	七五 九

向丁

山癸

此地坎龍三台落脉未坤方有水流入离方离方有湖穴前不見湖面其湖收小如鏡

仲山曰此坎四運葬後大敗財脉六運用原向附葬

發科甲四運塟而敗者不得其時吉地亦凶由退神管向也六運塟而發者由進神管向也接向運運星八到向四木剋八土故為退神六運運星一到向六金生一水故為進神

沈註四運中立此向雖形巒什美而水內龍神上山故大敗財源六運附塟旺星到向向上之湖又得一六同宮天玉云紫微同八武祕旨云驅車朝北闕時聞丹詔頻來所以發科甲也接紫微為亥六八武為壬一即一六同宮也山上飛星六到向為下水有一六之吉徵而凶亦不應乾六為車馬壬一為北闕丹詔頻來亦一六之應也

鄭姓祖墓　戌山辰向　七運折

辰向 九七 九六	二 四 二	九 二 四
八 一 五	六 八 七	四 六 九
三 五 一	一 三 三	五 七 八 戌山

此地龍從離方屈曲而來由乾入首內堂水從癸丑方來外堂辰巽巳甲卯乙方水甚大由艮至坎消去

仲山曰此小財丁地綿遠不敗但子孫必有折足者

四十九

尤發主人曰然自明迄今大發清初以來子孫中代
代出壹蹺子俗呼為蹺子坟
沈註此局旺星到山到向故主丁財綿遠不敗向上
旺星是六若到因時須得壹百捌拾年故言綿遠也
小財丁者巒頭形局不大也子孫、出蹺足尤發者因
艮方出水處水去形如蹺足故出蹺子尤發者水大
也飛星到艮是叄叄即震震為足更加其形如是故
主足疾無疑矣

慈溪俞姓祖墓　子山午向　栄運扦

（水）

八六四　四一九　三二八

（水）

此地平田龍從子癸方来乾坤艮巽四維之方均有水

午向
六八二　二三七　七七三
子山

（水）

一四六　九五五　五九一

（水）

錢蘊岩曰此地主餓死後果以中風不得食餓十餘

曰而死家業亦蕭條

沈銈前有陳姓坟扦於戌運亦四維之方皆有水惟水外有山坐朝與此相同塟後出名儒巨富此地亦四維之方有水特水外無山致餓死者彼係旺龍旺向四方配合有情此局是衰向全無生氣入门且向首運星是二二為坤為腹向星是六陸為乾為頭頭腹背無生氣所以餓死此與陳氏一局所謂吉凶不同断也

王御史祖墓　丁山癸向　柒運扦

此地離方高山貼身

出脉起墩坤方低窪

震澗水流至坎艮聚

消無朝案

四一 六	丁山 八六 二	六八 四
五九 五	三二 七	一四 九
九五 一	七七 三 癸向	二三 八

仲山曰此地墓後有財無貴得六（五十一）十年旺氣出御史

非此地也
沈註此局雨盤七列向財自旺矣八運本屬不通氣而山上龍神已下水故不主凶而反吉九運艮方有水伸山故云得六十年旺氣也不發御史者因坐後無好峯朝山無峰八方又無秀挺之峰故主富而不貴發御史者當別有坟耳

馬姓祖墓　辰山戌向　柒運扦

辰山 九 七 六	四 二 二	二 四 九
一 八 五	八 六 七	六 四 九
五 三 一	三 一 三	七 五 五 八　戌向　水

此地龍從夘乙方轉
巽入首離方山湉石
巉岩至坤兊轉至乾
方作朝案了外飛竄
不静只前有水

仲山曰此坟葬後吉不抵凶初運財氣順利至壬申　四七

年離兔傷丁現行艮運財丁兩衰乙未年主有官訟丁酉亦然主人曰然

沈註初運帳利者旺星到向向上又有水也然形巒巉岩古𠮷不抵凶且運又甚短壬申年太歲八白入中宮九到向山上之九移於向上故損丁況案外朝山斜飛不靜一交八運向星入中乙未年官訟者太歲三碧入中七到離方巉岩故主訟丁酉年太歲一白入中七坤坤亦巉岩故又訟也

某姓墓　辰戌兼巽乾　捌運折

六
四五

二
九一

一
八九

（水）
戌
向

四
二三

九
七八

五
三四

辰
山八
六七

七
五六

三
一二

此地龍從辰巽來辰巳方有高峯戌乾方有大水放光

仲山日此局上山下水主凶且龍運起四九巳死立戌向龍

神交戰主出大盜滅族

沈註辰巽巳龍八運巳死者巽方是木八運到巽是

七犯金尅木故云死龍八運立戌向向星到辰是八

巽木又來剋土龍神交戰已極此地當出大盜滅族

之人因辰爲天罡戌爲地煞故交一運必出凶惡之

徒因一到向向上大水故也至二三運即犯滅族之

禍矣若坐山無山向上無大水只主斬絞徒流斷不

至於滅族耳

鄒狀元祖墓 卯山酉向 九運扦

酉向

八一 八	三六 四	一八 六
九九 七	七二 九	五四 二
四五 三	二七 五	六三 一

卯山

此地外方高山尖項落脈縮細又高聳尖頂仍落脈生石鉗丿前生土墩緊靠墩葬儼如圈椅上降軟石數層作內襯乾峯遠去十餘里堂氣寬大兑方河水十餘里屈曲來朝

仲山曰獨取乾峯發貴向上之水坐下之山形局雖美恐財丁不旺此不得時之故也

沈註有此美地使得運得局定當大發惜不得其時但取乾峯發貴而已可見單講巒頭者如不得時吉地大減力量乾方一六同宗文三碧木亦主功名故四運內發鼎甲也

許姓祖墓　丁山癸向　九運扦

此地平洋午龍入首
左低田右河浜前有
大湖

八六 一 (低田)	三二 六	四一 五
丁一 四八 山 (平田)	五九 四	九五 九 (癸向) (大湖)
六八 三 (水)	七六 二	二三 七

仲山曰敗丁敗財因向上湖水受煞也

五十

沈註前鄒姓墳因旺星不到向大減力量此局旺星到向乃云敗丁敗財者何也蓋九運最難取裁向上無水固屬不美向水太旺火光越盛亦不宜況兑方三碧木生火震方七赤火比和火會聚助向首火愈熾矣此可為但知旺星者戒也　九紫運往往變到向不能到山大抵山上一盤取二黑八白龍入首向上之水取田源渠溝或狹河小港亦可一白方不通氣固屬不可一白方水大亦嫌水剋火總之不宜見大水為是耳

陽宅祕斷計十七條

無錫仲章山原著　錢塘沈竹礽詳註

陶姓宅　丑山未向　五運造

向上有破屋并水門
開巽方門前有三义
水口兑方有木至巽
方門前清聚

陽宅秘指

此屋在後財丁頗好旺星到向也至六七兩運病人常見女鬼因向上有參差故也之樓故也

某宅　子午兼癸丁　五運造

暗探

三四 二
七八 七
八九 六

午向 五 九六
九一 五
四五 一 子山

三四 二
二三 三
六七 八

此宅兌方有暗探七運見鬼八運已消可見暗探必主出鬼不必拘定二黑爲鬼也

此屋住後出寡婦中年以上人丁尅死因坤土尅坎

故也此從屋向斷不從門向斷也

某宅　壬丙兼亥巳　伍運造

一六 四	向丙 六二 九	八四 二
九五 三	二七 五	四九 七
五一 八	七三 一 山壬	三八 六

此局用替卦故七二入中安到山之一為壬壬丙換二巨到向之九為丙丙換七破故山向飛星不用一九而用二七此用替卦之法也

此屋住後寡婦當家如夫人主政因二為寡宿七五入中宮七為少女故主如夫人主家政也

某宅 辛乙兼戌辰 伍運造

辛山

五 一 二	九 五 七	一 六 六
七 三 九	二 七 五	三 二 一
三 八 四	四 九 三	八 四 八

乙向

路

此局用變卦故二七入中換向上挨星為三三即乙乙挨巨啟飛星不用三而用二入中亦用替卦法也

此屋住後多女少男連産八九女只生一男坎方有
路如夫人生者聰明正配生者愚魯因一六到坎故
也生女者氣衰也即陽卦六生女故也

某宅 子山午向兼癸丁 六運造

午向

八 四 三	四 八 八	三 九 七
六 六 一	二 一 六	七 五 二
一 二 五	九 三 四	五 七 九

子山

此屋財氣大旺丁氣亦佳因旺星到向向上有水也
巽辰巽方是一二墻外有坡左邊當出一書腐未坤
方有屋门臨於四八之位右邊亦出一書腐因一為
魁星四為文昌背被土壓故也若無坡屋矛過出讀
書之人耳

某宅 子山午向 六運造

四八三　八四八　九三七
午六一六十　一二六　五七二
二五一　三九四　七五九

山子

此屋對宮有屋夾冲財中子當家因坎入中宮坎為中男也發屢被官府暗算以雖屬旺向因有鄰屋冲射向上是六六為官是故也

某宅　子午兼壬丙　六運造

一 二 五	午 向 二 六 一	八 四 三
九 三 四	二 一 六	四 八 八
五 七 九	七 五 二 山 子	三 九 七

此宅向得六白進乾到向乾為陽首坐子向午為地画八卦之坎宅陽六為坎宅生氣金生水也且合紫微㭰武同到之妙便門開震巽方進

內屋巽方是黑為孤陰為坎宅之難神坎宅水也水被土尅故為难神再見一句同在巽宮土尅水也一

為尅星主出讀书人今受土尅故讀書將成而病生
水虧之證恐夭天年　此宅內戶門宜兌為艮冬方
為合因離得六白旺氣也艮得紫赤生氣也兌得捌
白生氣也次走坤路亦要四綠門肆為文昌切忌走
巽門路巽方是二主病符且尅坎宅灶為一家之主
此宅灶宜在震方火門宜向酉木生火火生土也又
宜在兌方火門向震火生土木生坎也又宜在坤方
火門向坎木生火火生土也但巽方是宅之病符坎
方是宅之五黃均宜避如火門向艮是火尅兌金主
口舌有肺病血證如離方名火燒天主出逆子書此可通諸宅之法

會稽任宅　壬午兼壬丙　八運造

八 六 四	一四 九	二三 八
午向 八六 二	三二 七	七七 三 子向
四一 六	五九 五	九五 一

此宅前面地高後有大河乾坎艮方均現水光後有大塘照水一片綠色屋內多陰暗

佳此屋者財丁兩旺因變柴到後後有大河故也然屋內有身穿綠衣之女鬼至申時出現因變柴到坎

薪郎韞

柒為兌為少女也戌黑到乾戌為坤母五黃到艮為廉貞即九爲為中女五黃又為五鬼此參方皆有大河水放光合出下之七即陰神滿地成群故主出女鬼於申明出現者以坎為陰神訣中乃陰府也穿緣者因槐映水作綠色也且屋陰暗故鬼棲焉 八運初錢薪居於未方為開一门至今鬼不現矣因未方得八為旺星艮方變為二黑五鬼已化故無鬼也此乃一貴當權眾邪服之謂耳

會稽章宅　子午兼癸丁　七運造

八六 四	四一 九	三二 八
六八 二	二三 七	七七 三
一四 六	九五 五	五九 一

午向　子山　門

此宅運星到後空主財丁兩旺　坎至八運財大退因坤方無水且有高樓壓塞名為上山故也又有官訟不休以陸到坤陸為官星也此宅若兩家合住書云

壹到分房宅氣移壹門換作兩門推左邊所住之人

居壹位之位是亥方捌運上山定主蕭索右邊所住之人是捌位雖係上山地盤尚旺較左邊之財大有高下然總不吉耳门開一肆之方書是好對方所(香)住之人一四同宮定主柔弱屋後之河乾方有跛足之象且居於乾之三三為震為足住乾方屋上必缶壹跛足左邊的住丑方之人必出一聾女因丑方九五同宮且有門屋塞壓九為离為目五為土因中有土故主聾書云為殘而目瞎也左屋之灶健於震方震方九位火门向午午郎六定主父子不睦書訖云火燒天也然無驚父之兒者形局無張之壯耳

胡宅甲山庚向 七運造

庚向

四 八 六	九 四 二	二 六 四
三 七 五	五 九 七	七 二 九
八 三 一	一 五 三	六 一 八

甲山

此宅丁方有一条直路而進山顛水倒本主不吉且離方門前有直路沖進又是二四同宮定主姑媳不睦書云風行地而硬直難當定有欺姑云婦姑受欺不至氣結而死者以門上有九到火能土也

某宅 申寅兼坤艮 七運造

申山

一四 八 六九	四 六五七 二三	五九 八 九三 七一
一四	一	九
四	四	五
八六 二	四 七	九五 三
三二 六	二三 五	七七 一

寅向

此屋住後財氣頗佳然巽方有高樓冲射必有一老寡婦爭田涉訟因六為官星二為寡宿又為田土故也又為少女伴一中男也因上變七七為少女又向上有一到一為中男故也

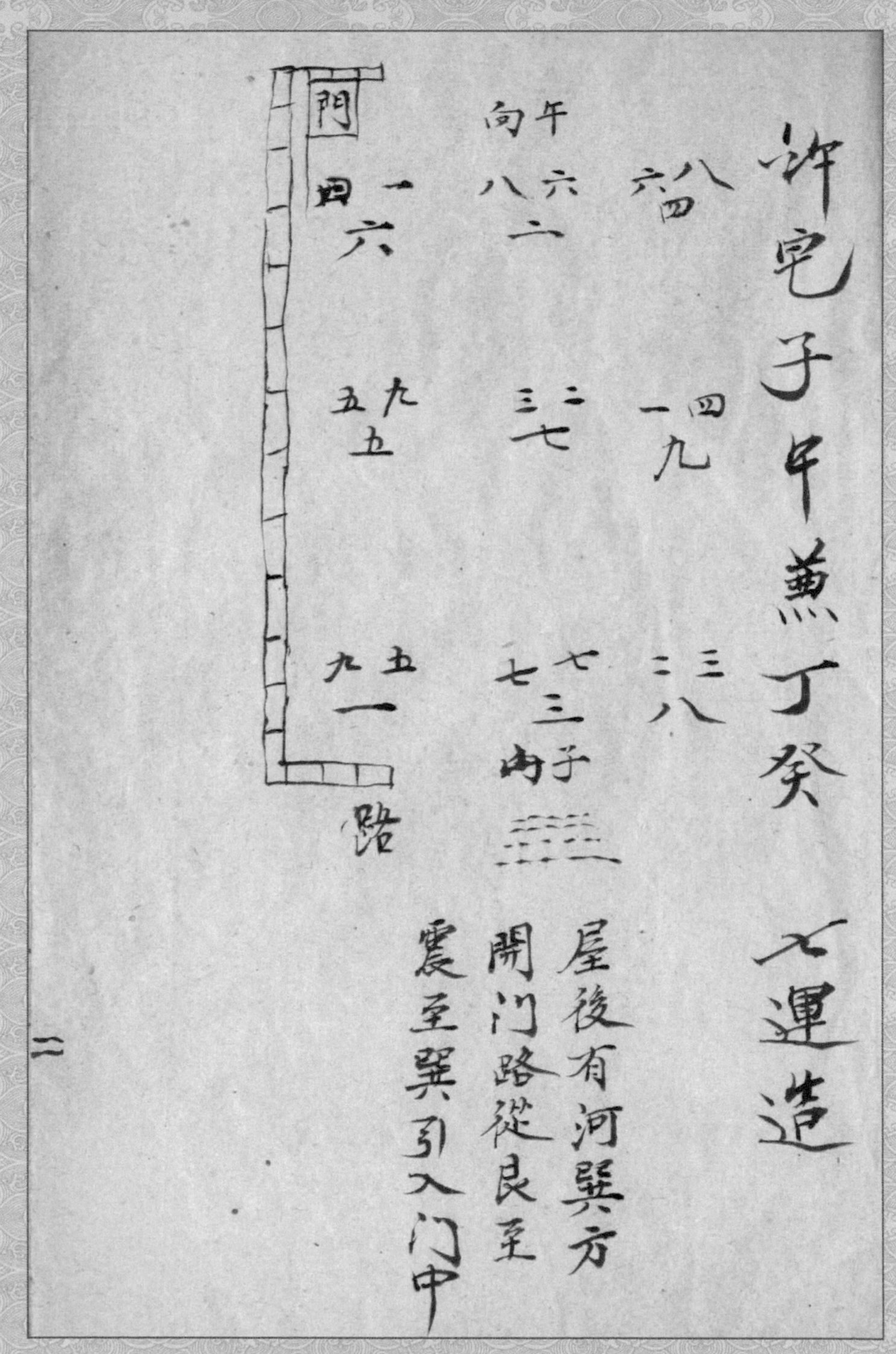
許宅子午兼丁癸 七運造
八
六四
六
一四
一九
三
二八
向午
六
八二
二
三七
七
七三
丙子
門
一
四六
九
五五
五
九一
路
屋後有河巽方
開门路從艮至
震至巽引入门中
二

此屋住後財丁兩旺因旺星到後後有河水故也門開巽方乃一四同宮準發科名且向上是六巽方運盤亦是六六為首且六與兩合十又一與六同宮當為案首故孟仲兩人均考案首而入泮進氣艮震兩方之路均犯九五同宮故出瞽目之人

張村丁宅　子午兼癸丁　七運造

路

門

	向午	
四一 六	六六 二	六八 四
五九 五	三二 七	一四 九
九五 一	七七 三	二三 八
	山子	

此宅門開巽方
前有直路闊大
從午方引入

十三

此屋向星上山後無水本主不吉門開巽方本一四同宮主發科名因路氣直沖為水木漂流之象四為長女故主婦人貪淫路從午方引入直進到門主外人進來者必一光頭和尚因向上之六在於離方頭被火燒故主光頭入於四一之門与婦人交接也巽為僧故主來者為和尚然此門前必有抱肩砂否則無此病也

湖塘下陳宅　亥山巳向　捌運造

一 三
五

五 七
一

六 八
九
亥山
窑

三 五
三

七 九
八

二 四
四

巳向
八 一
七

九 二
六

四 六
二
門
水

屋後有窑三座在戌
乾亥方
巳方照墻寅方開
大門門前有大潮
放光有又路直冲
寅向

此屋住後家主即吐血而亡因乾方六九同宮犯火

剋金又有三窑失光透燄真火又来剋金離爲赤乾爲主故家主吐血而亡也寅方門貳肆同宮貳爲姑肆爲媳又有直路冲門門前大水爲五黄故主姑媳不睦而致訟以陸到艮宮六爲官事也次子病後而啞以巽爲風爲声寅門四二五同宮土塞声上故主失音中宮柒貳九同宮書云陰神滿地成群紅粉埸中快樂故主姑媳不潔也此宅若開門向丑八白、旺星到門主二十年吉利斷無諸患所謂一貫當權耳

東溪周宅　酉卯兼辛乙　八運造

五 二 七	一 六 三	三 四 五
四 三 六 卯向	六 一 八	八 八 一 酉山
九 七 二	二 五 四	七 九 九

此宅坐後辛方有井作書房於道光乙未丙申兩年先生打死兩孝生均驗上受傷而死

此屋旺到山本主不吉向上運星之六入中宮已洩中宮之土乾六為首為師長巽四為木為教令向上

三四六同故首上加木中宮八六一同宮故步男頭上有血辛方之井隻方到八爲步男井運在盤之坎坎爲血必待乙未丙申年應者乙未三碧入中宮中首上加本也五黃到井五爲大煞書云五黃到處不留情一白到處一爲坎爲血向上是六頭已出血故主打死打死云月必是二月四入中宮中頭上重加木也六白到井頭見血二黑到向太歲臨向也以傷云人必肖虎者以申年四祿到井二黑入中太歲臨中宮四到井上木剋土也然必是二月一入中宮頭上見血傷者必肖午也

原序

此書原名陰陽二宅錄驗。無錫章仲山甫所著。其家視為至寶。不輕視人。光緒戊寅夏。予偕胡伯安至錫。以重金向仲山後人假閱。竭一日夜之力。手錄以歸。以其名不雅馴。改稱宅斷。以便記憶。夫地理之道。分巒頭理氣。五尺童子、均知之。然巒頭不真。理氣無用。所謂皮之不存。毛將焉附者也。章氏理氣最佳。惜目力未經名山大川。所錄者均係向樓小地。予於增註時。將其瑣屑者一一刪去。於陰宅存五十圖。陽宅存十七圖。時予寓居上海。從遊子弟多寧紹之郡。宅斷所取亦以其地為多。轉學地易擇印證也。不採著名陵墓地。以形勢最佳。而當時卜葬之元運。無從稽考。故從略云。錢塘沈紹勳記。

各運當旺山向

一運　無旺山

二運　乾巽　巳亥　丑未

三運　卯酉　乙辛　辰戌

四運　艮坤　寅申　甲庚

五運　子午　卯酉　乙辛　丁癸　辰戌　丑未

六運　與四運同

七運　與三運同

八運　與二運同

九運　無旺山

陰宅秘斷 計五十條

無錫章仲山原著　錢塘沈竹礽詳注

常州張姓祖墓　癸山丁向　一運扦

	丁向	未水
五六 九	一一 五	三八 七
四七 八	六五 一	八三 三
九二 四	二九 六	七四 二
水去	癸山	

此局坤水房曲而來轉

巽方合襟至艮而消

仲山曰。此坎葬後。長房初發秀。坎房丁秀大盛。財亦旺。蓋得輔星成五吉也。問之主人曰。昔有百萬。今僅半百矣。

沈註。此一六八俱到向上。又見水光。真合五星之妙。長房發秀而財不旺者。蓋六為乾。乾屬長。六又為官星。故發秀。又為金。生向上撥水。謂之生出。故財不旺。次房丁秀大盛而財亦旺者。蓋取一到向。坎為中男。故二房更發也。

楊姓祖墓　亥山巳向　一運扦

八三七　四七三　六三二　湖

五五　九一　七四六

向巳一九　九二八　五七四　水

此局大龍從坤來，轉庚酉辛，直至丑艮寅而去。脈從亥方腰落，開窩結穴。亥方有湖，巽方有水呈秀。

換星九一二
向九星一九八　均辛
共飲各宮　辛

仲山曰：此坟兼收向首之氣，科甲連綿，富數十家人丁亦盛。蓋天盤地盤。合一四同宮。天卦地卦。亦合一四同宮之妙也。

沈註。此坟葬於明萬曆。背山白玉蓮局勢宏敞。水光圓朗。誠真穴的。地盤是四。而向上天盤到地盤是一地卦是四。而山上天盤之一又到。更乃向首坐下。入中之卦皆合十。所以自明迄今。富貴未艾也。

卯塘橋張姓祖墓　申山寅向　一運扦

此局艮方有大水放光。乾兌二方。亦有清水映照

坤 一一七	五六三	六五二
三八五	七四一	二九六
八三九	九二八	四七四

水　寅向

仲山曰。卯年立寅向不利。至五六運大旺財丁。衰也

三

運凶。丁稀財退。蓋運不得令。星亦不得令。兼有男女
淫亂之醜。
沈註、一白折此地。向上水兑。反主凶險不利五六運。
入乾兑二宮之水。星財以大旺財丁矣。七運。向星入中。
指向上飛星之七言 星不得令也。一白七到向。運不得令也。向
首句七主女淫。客星一白到向主男淫。觀此可知
旁義。運亦主四十年財丁。莫以此局為法可也

無錫石塘灣孫姓祖墓

子山午向　二運扦

向午

三八一　八四五　七三六
三六七　六二七　二七四子
五一八　四九九　九五の

水去　大河　沖背

此局庚酉辛得水大宕。由坤離震巽復從艮方消去。坎方有大河。前有一直漾。背沖插穴後。

仲山曰。此坎扦後。已合元運。理當速發。墳方之水。取

共特也。但形勢不美。一先元運印財丁兩退。主人曰
我祖葬此坟时。賣糖度日。葬後本身發有十餘萬。下
後数世。然有五六萬。惟丁則大減。
沈注、葬後大發財丁者。因兩盤旺星到後。坎方有水
特大。各回倒潮。其發最速。天玉經云。吉星先入家豪
富。其餘光甚甚之水。皆收不起。收一水得元。然坎方
水最特大。而當背冲來。究屬不美。故一交七運。即大
敗也。

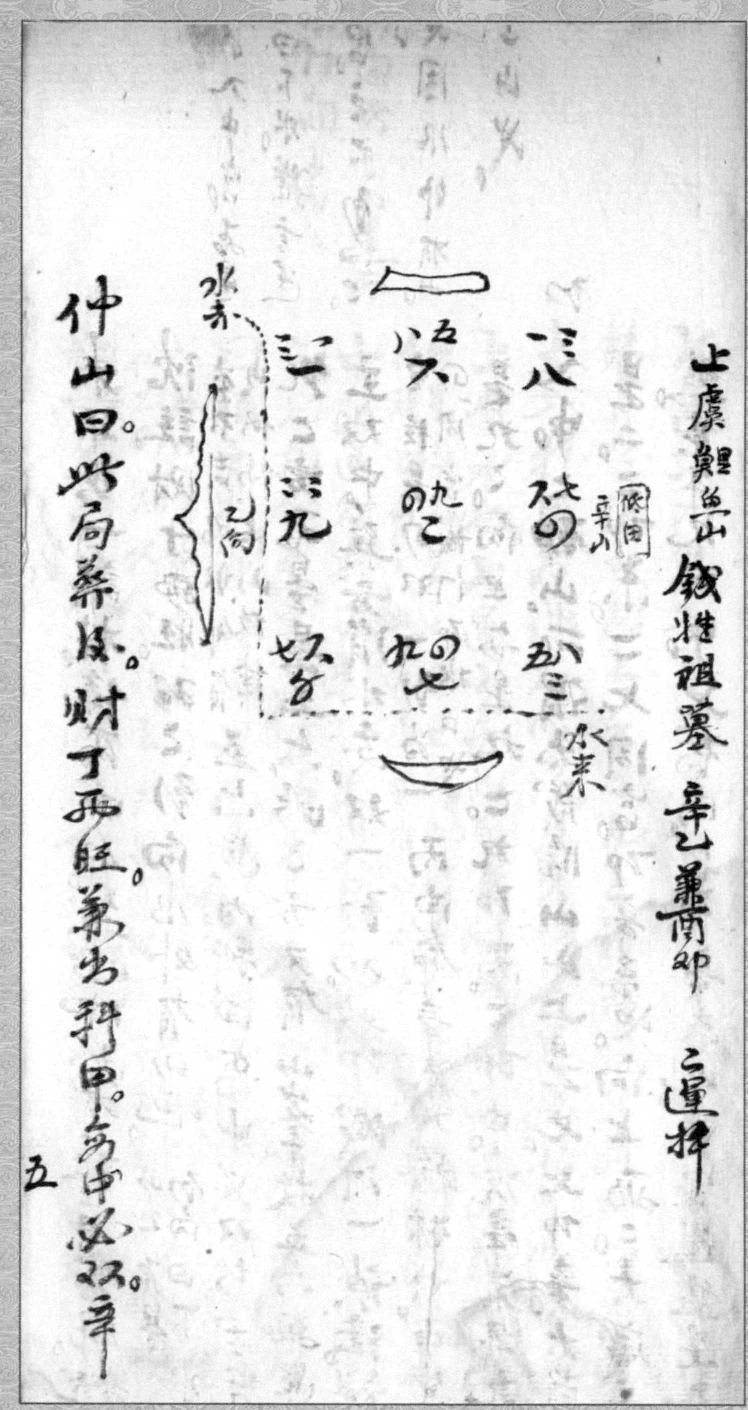

上虞鯉魚山錢姓祖墓　辛山兼酉卯　二運排

仲山曰。此局葬後。財丁兩旺。兼出科甲。交申必發。辛

五

山上三の入中宮。飛星二到向。曰下水。猶言運盤中宮之二到向也。水裡也。因水外有山。故又上山也。

未年出一詞林。係丙申命。然此地必有瞽目寡婦。尤娄。

沈註。財丁兩旺。雙二到向。水外有山也。（山上飛星二到向。曰下水。）（本不吉。以水外有山。仍係上山放佳。）五六運內。科甲高中。必双坎。因兑九二方飛星是五六。此二方又有山峯。故五六兩運主双中。巽方消水處。双一到也。此即城门一訣法。巽方（宮位是の。双一到為一の同宮。城门即水口也。）丙申命。辛未下翰林也。中宮是九二。向上飛星九二。九即丙。二即申。況辛未年九到入中。之卯山。所謂太歲歸山。山上星七。七即辛。太歲星二。二即未。二七同宮。即辛未也。向上飛二。大歲吊照。星年九入中。七到向。亦即辛未也。中宮運盤星七。

三の到向此三の運帝
七九同到向上也

七運七入中。合辛未也。有此の辛未。故入詞林也。出瞽目寡婦以。向上星二九。二為寡宿。又為土。九為目。土入於目。為地火明夷。故出瞽目寡婦。尤黄以。因向上有水也。七運小房必有絶嗣以。因七上山故也。上向飛星到山是七。七為上山。上元為步房。故絶嗣。上山之出水。若有水則無害矣。九運向星入中。必退財損丁。兼有火災。凡三四不向。宅主火災。書云。七九合度。患火惟均。又云火若剋金兼化木。數驚回祿之災。即此之謂也。九運運盤九入中。七到向。山向飛星。双九到向。向上飛星七入中。星中宮南向、背。七九同度也、九七為火剋金。在乙向為化木、故主火災、退財損丁、向星入中、回入

數

四数九此然科目終不斷。因城門地畫八卦星四双一同

又並

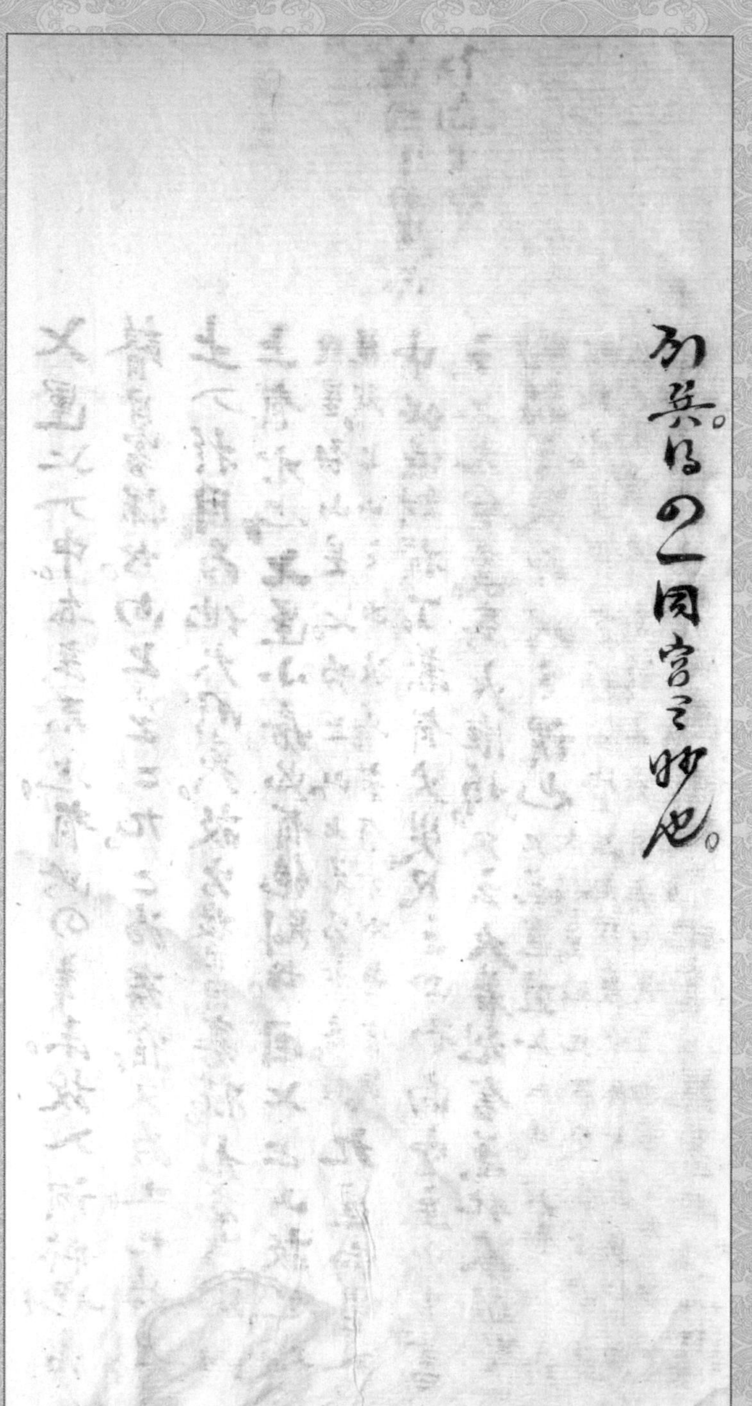
引兵。此乃同宮之妙也。

孫姓祖墓　壬山丙向　二運折

丙向

四九八　九四　八三二
三六七　七八二　三七七
七六一　五九　三五

壬山

水

此局向方無水，差方有水，旋光。

仲山曰：此局前年財氣不大，后主因姦破財。

二四七九為陰神

一三六八為陽卦

沈註。双二到向。因向上無水。故財氣不大。兑方兩四一九。各の九為友。以の印双巽。巽木起中宮二土。又坐向上兩二土。兑方水火旅。兑の九陰神也。故一失運即立因爲破財。

章姓祖墓　壬山丙向　二運扦

丙向

六七 一	二二 六	四九 八
五八 九	七六 二	九四 四
一三 五	三一 七	八五 三

壬山

仲山曰。此局葬後。財丁兩旺。然主家主不壽。世出寡

七

婦。又被僧尼耗財。

沈注。財丁兩旺者。因旺星到向也。然雙二加於運盤之六。土重埋金。六為乾。故主家主不壽。世出寡婦者。二為寡宿故也。失運時。多被僧尼剝削耗財。因二為尼姑之類也。

施姓祖墓 依田 酉山 酉山卯向 二運扦

三八	七四	八三五
八七一	四九二	九四七
三二	二九	七六五

石橋 卯向 酉山

此局坎段依田。兑水遠來。從乾坎艮至震方開宕。其方有橋。水從橋下去。

八

仲山曰。此坟葬後。大发財丁。兼出秀。且入泮必双。然主世出寡婦瞽目。

況逆。大发財丁快。双之到向。向上有水也。入泮必双坎。城门在巽。双一到也。一四同宫。本主科甲。因缺力不強。但出秀才。此美中不足耳。世出寡婦瞽目。以向上双二到九故也。

裴姓祖墓　未山丑向　二運折

此局坤方有城樓。兌方有河湖洋。由乾坎艮至巽方名橋下消去。

石橋

九六 一	四一 六	二八 八	山
一七 九	八五 二	六三 四	水
五二 五	三九 七	七四 三	

丑向

仲山曰。葬後長子因蟲傷足。次子先充兵丁。而後致

九

富意應。

沈註。此局運星到山到向本無不利。長子因女姆傷足故。因辰方有石橋高聳。向上飛星之六到巽。六為長子。山上之九又到。九為中女。老父中女。配非正耦。故主姦淫。乾方有水。運盤之三到乾。山上之七又到乾。為兌金折震足之象。次子充兵丁而致富。故兌方開洋。以聯珠法推之。向上之三為兌為進神水。山上之六在兌。兌六為武人。所以兌充兵丁而反致富也。兌為少女。故冠少房。三到兌為進神水故。而兌七為合十也。

錦棚橋陸姓祖墓　酉山卯向　二運扦

酉山

△(水)三八　七四　八三(水)▽　此地乳坤艮異可佳有水放光，水外皆青峰水文筆。

八六　四二　九七

△(水)三一　二九　七五(水)▽

卯向

仲山曰：此坟扦後，大發財丁，兼出名俘，交五運來，頻

十

丁八九人。主人曰。何知之詳。答曰。此由艮方之水填實故也。

既論。乾坤艮巽之方有水。為四庫齊開。又為四水朝陽。本三元不替之局。況水外四方皆有山。且秀如文筆。其力尤大。而又双二到向。旺星到穴。所以大發財源。兼出名仵。惜五運艮方填實。所以斷五運末傷丁八九人也。以五運管十年。已過亡氣。是艮宮到填實矣。名曰水裏龍神上山。安得不損人丁乎。坤為文書。為二。此双二臨於向首。故出名仵也。

狀元錢茶山祖墓　丑山未向之運拼

（湖）

向未 六三八	一六六（水）庚子	五九一 丙子
三八四	八八二	七一九
〇七三	九三七	三五五四丑

此地左右兩山環抱。坤峯高遠秀麗可愛。坤未方有大湖。離方水圓如鏡。近在穴旁

九〇白

二六一

七八三

仲山曰。此清貴之地。庚子丙子生人應發科甲。茶山

十一

卯庚子生。有丙子生人少年登科不壽。
沈註。孤山環抱。朝山秀拔。左離水。前尖湖。此局奇警
極矣。故主清貴。庚子丙子生人發科甲者。從離方之
水澂之也。離水圓亮如鏡。近在穴旁。卯星城門一訣。
蓋天玉以水之邑穴有情者為城門。況又四一同宮。
安得不發科甲。庚子丙子生人者。山上飛星之一到
離。一中有子故也。然庚子分金為正。丙子已偏。故少
年發科而殀。觀此可悟空生育之訣。離上城門。挨
星是不。為成
陰。入中逆飛。二到離為旺。此卯城門一吉也。又離上
星是不。飛星是一六為金。一為水。故為庚子。若九
一挨為丙子。挨星與位。視離方城門為偏也。

鮑姓祖墓　辛山乙向　三運扦

四九八	三八六 辛山 水	九四
一七六	六八三	九八
五二	七三一 山向 水	二七四

此地兌卯二方有水。艮方高墩。墩外有一峯高聳。卯方向上之水映照。坐後兌方之水暗拱。

三 右 艮 峯 水

仲山曰。此故隨葬隨發。財旺而丁不旺。一交七運。二

十二

山上飛星三到山本生旺丁然旺星臨水反不利

房官訟不止。且房房損女丁。蓋兌為少女為口舌也。沈註。隨筆隨發也。旺星到向。且有水也。丁不旺也。山上旺星臨水故也。七星傷女丁也。艮方是七。不但無水。反見高墩高峯。名曰上山。故主傷女丁也。二房官訟不止也。二臨艮位。故主二房。八臨艮位。故主官訟。七兌為口舌。為少女。甲子年太歲是七。七入中。則官訟坐中央矣。一到艮方。金生水出。故主官訟破財也。丁卯年太歲是四。四入中。又到艮。七赤重疊七赤。故主口舌傷女丁也。

錢唐魯斯占祖墓　丙山壬向　三運扦

此穴平地闊窩。甲庚、壬丙の方。均有水兜。

四 三 九　七 四 八
八 五 九　七 三 八　甲 三 三 八 向 壬
九 二　五 一　一 五 一 六

主人先曰。此地出神童。仲山曰。此局甲庚壬丙之方

十三

水開合有光。天卦辰戌丑未の支。加臨於甲庚壬丙の干上。言出神童。非謬言也。運盤山上挨星是七。為庚。向上挨星是八。為丑。山上飛星。乙到山為未。三到向為甲。九到庚為丙。七入中為庚。向上飛星。三到向為甲。の到山為辰。六到庚為戌。一到甲為壬。故曰辰戌丑未の支。加臨於甲庚壬丙の干之上也。

沈註。宝照經云。甲庚壬丙最為榮。下後兒孫出神童。又云。穴要窩鉗脈到宮。此地平洋開窩。又得甲庚壬丙水亮。合宝照之法。況天卦向得旺向。又丑甲俱到。山上庚未辰俱到。震方壬甲到。兑方戌丙庚俱到。一氣清絕。出神童何疑乎。

某姓祖墓　巳山亥向　三運扦

已山 二三	田水 六七	五九
七一	四三	一五
七 五	九 八	三五 四
	大河	亥向

水去

此地甲卯來就，轉巽巳入首。後照堂田水。從兌方打向。壬子癸方。有大河來穴前開宕。從戌乾消去。下砂環抱有情。唇下有缺。卯方一峯秀拔。朝山土屏開面。

仲山曰。此局上山落水。葬下大房平平。三房少丁。

六運改葬

山 四 八 五	九 三	一 二
三 九 四	七 六	七 八 八
八 七 九	一 二	六 六 七 向

震方有山。二房居於震位故也。山上飛星、三到向曰下水。向上飛星、三到山曰上山。三為震。故屬長房。一為坎。為中男。換震。九為離。為中女。飛震。有山無水。故二房少丁。

六運改葬巳山亥向。沈註。葬後大旺財丁。因飛盤旺星。双六到向故也。但向上運星是七。旺星是六。七為巳衰。六為官事。故主多訟。缺唇狂見。故出無唇之人。交七運財丁兩退。因向星入囚故。惟功名反能開科。秀才生貢。不一其人。此因艮方星四。艮星一。未方星一。七運飛未星四。兩變為四一同宮。故發科名也。至八運則平平矣。

經桂祖墓　巳山亥向兼壬丙　上三運扦

水

八一九　四五　三六四
兌七　二三　七九八
正一二　九一　五七
亥向
小河
去

說從巽巳方入首。自廟砂拘抱有情有力。立說墨穴。然有水放光坎方有小河横過。艮方有小山塞水口。

仲山曰。此局三運葬後。大房不利。收房一年十年

十五

七為官星。七為口舌。六七同宮。而又有山。故主官訟。

沈註。大房不利者。因震卦上山下水故也。震為長男。五六兩運。二房發財丁者。取兌方之水故也。兌方本六。故主長房。今發二房者。以此時長房已絕也。至七運多官訟者。艮方七六同宮。又有山故也。故至七八兩運。財氣大減。至九運。又當起色。因坎方是九。又有水映照也。

前墓于四運建碑修理明圖於後

三六 一	一七 六	三六 五
九八 六	三五 四	七一 九
四 四 三	五三 二	九八 七

亥向

小沙

去

沈云。此地於四運以原向建碑後。二房於六運大貴財丁。長房大敗。此因向上飛星二之到山。四即莫。

又十五

為長。且六向又飛到乳。犯伏吟。故主敗。二房於六運發財丁也。因山上飛星二到向。與太白同宮。故主發。七運財氣不絕。因兌方有水。七運可為官訟。因兌方六七同宮。六為官星。七為口舌也。二房獨發也。因兌方之水是七。七為少也。八運平平也。艮方有山故也。此地本山顛水倒。主不吉而能發也。因就真穴節。四運遇碑之段。就得旺氣。又向上飛星。到山到向。四六合十故也。

裕中堂祖墓　子午兼壬丙　三運扦

乾亥來就轉坎入首。艮方有蕩。坤方有水。曲至巽方大開洋。至巽方消出。兑方低田。結穴在低田。

向午　低田　水　山子

八の三
六二七
一九五

山上飛星。不用八入中而用七者。用替卦也。因山上兼壬。壬挨巨門。巨爲二黑。以二入中順飛。七到山。故以七入中。此以山用替卦也。

凡兼向山不旺者。則以山用替卦。向不旺者。則以向用替卦。

のハ九の八三
三六七二三七
六一五九一五

仲山曰。卯山卯向卯源水。合江西全局。前扦時必不

運星南向星合十為最吉

光

能發。六運大發富貴。沈註。此局向上旺星到向。山上用變卦。七入中順行。旺星到山。三卯卯。所謂卯山卯向卯源水也。最為開大洋故也。況運南向合十為最吉。又艮坤方為一四。俱有水光照穴。安得不大發富貴耶。顧於此時不發。必至六運大發也。蓋江西卦為地元。地元兼收貪狼。不當五運。借他涵蓄。力不專。故遲也。六運客星貪狼到向。水能生木。自然富貴駢興。非若他宮一卦乘時。僅官暫發比之七矣。

嚴探花祖墓　辰山戌向　三運扞

辰山　大湖　戌向

三五 二	七九 七	五七 九
四六 一	三四 三	九二 五
一八 六	六八 八	一三 四

地由艮方高山双峯落脉。出脣十餘丈。左右砂緊〻環抱。如方水貼近。巽離坤三方大湖。湖外有山。兑方有峯。秀美挺拔。惟峯尖稍歪。

主人曰。葬此坟時。地師云。可惜狀元峯不正。他年必

十九

中樞龍郎。仲山曰。此地師之託詞耳。其實樞龍不關峯之尖。由換星一〇同宮。犯涉偏尖之故。主人問換星何以偏斜。仲山笑而不答。

沈註。一〇換星偏斜。由運星之〇到向。又以山上之一〇到向。不能以向上之一〇到向故也。

三震　離九　兑七

北二坤　乾ス南

八艮　一坎　巽の

先天卦の

南　乾ス　巽の　西
七兑　坎一
東　九離　艮八
震三　坤二北

唐姓祖墓　甲山庚向　の運杆

三七三	七二八	五九一
の八二	二ス四の	九の六
八三七	六一九	五五

甲山　庚向

巽方大獻。從震艮而去。宍甲方落脈結穴。左右砂環抱。內堂壬水。聚蓄如鏡。亥方停蓄。戌乾方開洋。辛酉狹細。庚申方又開洋。仍從坤申轉至庚酉辛方。又開洋。再轉至坤申未方出大河。又開洋如鏡放光。

仲山曰。此地齊整極矣。又於開洋處。合得天卦旺神。

岂有不大發財官乎。有言向堂壬水。主發科甲。財不可百萬不止也。不知功名以坐山定。以城門定。此地富有限而貴次之。科甲之說。乃胡猜也。此地水流屈曲歸庫。又得開洋放光之妙。且水可水。山可山。故主大富。惜乎地運太短。一交六運。向星入中。退財傷丁。至九一兩運。又當起色。蓋九一兩方有水故也。

唐姓祖墓　申山寅向の運折

龍從離方来。由坤入首。坤兌方有河。乾方有高屋。艮方有大河。水光照面。從震方消去。

八三	三七八	坤（岬）一の二
九二三	七一四	五八六
七の七（向寅）	五二九	九七五

仲山曰。此依所謂寅六葬如處也。今十年財丁兩旺之

十九

且

局也。一交下元。主傷少年。兼多血証。財亦大退矣。主人曰。所言不謬。但地有三房。公位若何。仲山曰。長房財丁均少。葬時已然。至今不過如是。次小兩房大減色矣。主人問故。仲山曰。此理難言。可顯見否。西北方有高屋也。

沈注。寅葬卯發也。旺山旺向。且向上有大河放光照面。故主速發也。一交七運。傷丁退財。兼患血証也。因向星入囚。且中宮星七一同宮。七運運星而向亦星一。向上一盤星七。亦七一同宮。七為少。一為血。向上大水。卯變為血。故主傷丁退財。兼患血証也。長房亦發也。因乾方本係星不。兩星否亂亦是不。已犯伏吟。又方屋逼壓。故長房不能發也。又敗也何也。因向上旺星是四。山上旺星亦是四。四即巽。巽主長。故長房亦不為敗也。向上所臨是七。坎水方所臨是九。七為少。九為仲。故主坎少兩房發。七運丁囚。故兩房敗矣。

又十九

馮姓祖墓　未山丑向　四運扦

八八	六六	一五
一四	七四	三九
九三	五二	四七

水　向丑　去　来

此地乾方有橋。水從橋口來。橫過壬子癸。至丑艮寅三叉而去。甲卯乙有大河。亦至丑艮寅方。合三叉消出。巽方有一高峯。

仲山曰。此坟葬後。初年不利。五運大發財丁。六運官

二十

訟不休。大敗。七運不可救矣。
沈註。卯年不利也。因旺星到陰故也。五運大發財丁。
也。因震方大河。五爲震也。六運大敗官訟不休也。因
巽方是巳。閉塞不通。且官星高聳。故主官禍。至七運

囚

入囚。故不可救藥矣。

施姓祖墓　酉山卯向　四運折

	五一 三	一六 八	三八 一	
卯向	四九 二	六二 四	八四 六	酉山　低田
	九五 七	二七 九	七三 五	

此地坟後低田。兑方遠水。從兑至乾坟艮震。至巽巳橋下消去。坟前有池。甲卯方有水放光。

仲山曰。此地山轍水倒。主不吉。因誤為旺誤。又中宮

二十一

六為乾為金。七為兌為金。故六七比和。且六為中元旺星。故歡旺也。

坐山均合十。故發財丁。惟寡婦比不能免。五七運好。六運平。水出巽主發貴。流注。旺氣歸坎。艮山運星是六。地盤星七。各比和。故勝。向星不收。收有低田遠水。又得中宮的六合十。山上的六合十。故發得大發財丁也。向星運星是二。中宮亦是二。二坤為寡宿。故代出寡婦三四人。惟此地旁氣甚通。發必久遠。旺星到兌是五。艮方亦是五。均有水。故五運佳。六運平平耳。六到年。坐水放地。坎兌是七。而有水。故七運又佳。巽方一到。地盤是四。一四同宮。故秀才不斷。惜有橋相冲。不然、出科甲無疑矣。

錢姓祖墓　丁山癸向　の運折

仲山曰。此故葬後衝之起色。至六運。出醫生大興家

二二

業。七八運平。九運主敗。且家门不潔。
沈注。葬後起色狀。甲卯乙方有水故也。六運出醫生起家狀。因山上飛星六到震。震方有水故大發。飛盤二黑到震。故主醫生發家也。至八運平狀。向上飛星七到兑。八到氣。飛宮無水又無山故也。九運向星入囚。故主敗。向上四九為友。（四九為陰神）九運了星。五黄到向。故主家门不潔。

談姓祖墓　壬山丙向　の運𣏌

高地 丙向の の八		
三一 六一	二六 二六	一七 一五
八 向の	八 九の	三 五九 壬山
九 八三	一 七二	四 六七

此地未方有塔。坤申小水。兑乾略大而聚。至坎至艮而消。離方有高地。艮方有屋。

仲山曰。此地の房齊發。一無偏枯。惟長房丁氣稍弱。

二二二

主人曰。丁氣不旺。特多損少年。沈詳。四房齊發者。孟仲叔季。卦理各別也。惟東方之塔。山上飛星是不到。六為乾。屬長。艮方之屋。山上飛星是三。不到。三為震。亦屬長。山上飛星四到向。曰下水。四為巽。亦屬長者。故應長房損少年者。艮方地盤星七。七為少女。有屋故損少年也。

鄭姓祖墓　乙山辛向　四運扦

一五 三	六一 八	八三 一
九四 二 乙山	二六 四	四八 六 辛向
五九 七	七二 九 池	三七 五 浜

此地如方大墩。乾方蘆蕩水。從兌坤屈曲而滙。亥方有浜。坎方有池。巽方有遠山。

仲山曰。此坎葬後。損丁出寡。交五運。財氣大耗。以向

二〇

挨星六到向。二到山。六本中元旺星。不到山而到向。二本中元衰氣。不到向而到山。所謂山水顛倒也。

印退。現行兌運。下元大虧。主人曰。甲子乙丑。連傷三男二女。仲山曰。以後此恐須損。若於兌方栽竹擋之。

沈註。此局以四入中。六到向。向不得時。作衰向論。上山。查出寡。四入中。主損丁。但兌方之屋後陽水有重否。故、交五運。財氣大利。所謂他處須收兌切近者。移向尤重也。一交六向印毀者。六金克巽木。再以客星八到向。安得不退財。行兌運。兌方之五。去已久者。為死星。是以損丁。甲子太歲。六入中。八到向。四到山。為上山。乙丑太歲。七入中。剋中宮巽木。傷三男二女。宜矣。仲山云。栽竹者。蓋欲蔽七五之煞氣也。

青城橋徐姓墓　乙山辛向　四運拆

此地長山橋甲入首。界巳界水。兌方內明堂有水。戌乾亥大水。子癸大河。直長沖腰。外堂兌乾兩方大水。

三一 八二	八六 四	七五 三
一八 二三	六四 四	七九 二
五 一三	九二 〇	九七 五

辛向　水　乙山

仲山曰。此收拆陰。財丁兩旺。且長房多出孫。寡悉驗。

二五

沈註。此局犯上山下水。自然少丁財。其氣失令。長房自然少孫寡。別更靡本。有作五運排龍。如果五運。亦山到向。財旺而丁亦旺。何謂云山臨五黃。主丁少也。且坎方立沂沖樓。四運中是三。五運中亦是三。坤為寡宿。每為長房。四運木剋土。尤為確當。或云。世世不斷寡婦。有補救法否。曰乙山辛向。三五七運當旺。一交旺運。不移原向建碑。自然丁財兩旺。且免孫寡之患矣。此本為嘉慶十八年仲山所手定。因其本也。

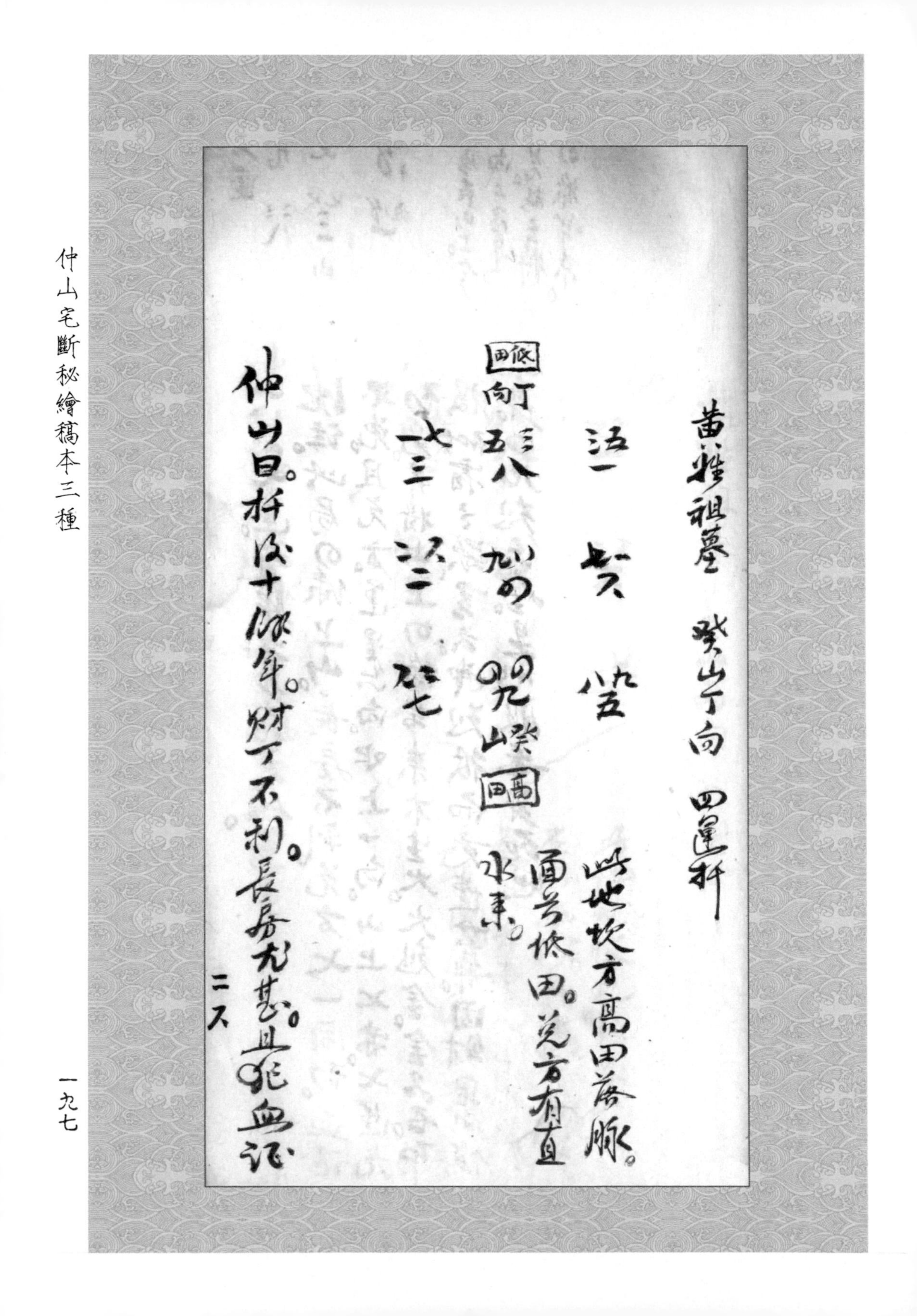

黄姓祖墓　癸山丁向　四運扦

此地坎方高田落脈。

西方低田。兑方有直

水来。

[illegible]

仲山曰。扦後十餘年。財丁不利。長房尤甚。且犯血證

二ス

七運

八 六の 一九 三八
向 丁 八六 二七 七三 山 癸
の五 四 九五

の衡庸在山上。今七運向上為星。の到兑故云將山上的線帶來。

一宅七運。有服毒身死之人。

沈註。此局の線上山。長房不利。兑方七之同到。血証不免。且兑方運星六向。水上一向。山上七赤。七運九到兑。并將山上の線帶來。木生火。火剋金。金為石印服砒霜之數。書云。我剋彼而竟遭其辱。因財帛以傷身。の九剋六金。是以服毒身死也。

趙姓祖墓　壬山丙向　の運拼

池

一　六　七五

向丙 の八　八の九　三九 峰

三八　七二　三七

此地就從孔轉坎入首。左右兩砂。環抱有情。亂氣只從兩見水。惟坤上有池。圓亮放光。

仲山曰。拼從右兆旁歸。至八運應有書癖小兒

二七

沈註。此坎向上無明水。只有旺星。不過平平。以坤上有池。天卦二起地卦一。坤為寡宿。為老母。故出老寡也。八運向星入中。本不剋。四為文曲。八為少男。以文曲木剋八白土。故出書癡小兒。此從向首斷也。

蔡姓祖墓　庚山甲向　五運扦

未

〤二の	二七九	の九二
〥一三	七三五	九五七
一六八	三八一	八の〤

庚山　甲向　未　湖

此地戌乾來龍。結庚入首。未午巽卯の方皆有水。消於艮方五里湖而出。坎方亦有水亦消於五里湖。

仲山曰。此一白龍。配六白水。財貴兩全之地。然初扦

二八

向

不利。艮財損丁。交六運。財斷旺。主大日。財丁不知其詳。惟築墻于戌辰巳巳運樓。發貴無疑矣。淺渡。此地上山下水。收作玄財貴稱全。蓋照五星湖為城門。運盤換星八到艮。入中逆飛。五到艮。是為城門一吉。艮方山上飛星是二到。為一白。向上飛星是六到。為六白水。所以主財貴也。又運盤星又入中。一到艮。戌辰年太歲三碧在中。六到艮。四到兌。一到向。是二向重建一白六白重逢六向。己巳年太歲二四中。四到山。一到巽。九到向。故主連捷也。按山向為四九為友。巽方為四一同宮。

黃姓六運附葬明圖於後

坤七三　巽二六八　庚山　坎三七　仲山曰。六運附葬發。大

離九一　四六八　兌二二　發財丁。葬上科甲。

乾四九五　一六四　五一九

甲向

決曰。此葬後大發財丁也。所謂旺山旺向也。六白就

死。一白水在囚就按戌乾來。戌乾乃地盤無六上。坐山

又二十八

乃旺星走六。皆為六白試。五星湖放光是一。卯為一泉水。故曰六白試破一白水。主耕甲也。戌辰巳巳連旗氣。一白加偏也。戌辰年坐太歲是也。第與中宮之的年白九紫到第一白到氣。八月月白七赤入中。一白到五黃湖。金星加試加水口。故中所申之人。必壬戌戌甲年命。因試從成氣來。成犬也。氣馬也。一白加於戌氣上。故主壬戌甲午命也。巳巳年坐太歲者句。第與中宮之句。年白八白入中。九紫到氣。一白到山。三月月白八白入中。九紫到氣。一白到山。故運旗也

某姓墓　乙山辛向　五運扦

四八 四	八三 九	六一 二
五九 三	三七 五	一五 七
九四 八	七二 一	二六 六

辛向（水）　乙山

其龍轉甲入首。其巳方界水。兌位有內堂水。子癸二方有大河沖腦。故乾大水。外堂乾兌兩宮大水

仲山曰。此改葬後。財氣漸旺。因乾兌兩宮有水。山脈

二十九

七運　辛向

八六 六	一四 二	八三 四
七二 五	五九 七	三七 九
二六 一	九四 三	四八 八

乙山

五黄。主丁少。且坎方有直流冲射。主出寡婦。坤為母
极也。主人口。寡婦世世不絕。
況該此局最後財散旺代。惟向上旺星。又有大水。故
主財也。山上旺星是五。本主多丁。今云丁少者。因山
上運盤星三。旺星是五。木剋土也。中宮係犯此病。故
主丁少。坎方直流冲射。坎上星一。為中男。向星是亦
是二。土剋水也。二為坤。為寡宿。犯直流冲動。定出寡
婦。若無直流。星二一同宮。定無此害也。然此地一交七
運。向星入中。必主敗矣。

徐姓祖墓　卯山酉向　五運折

㊌ 四八四	水 八三九	六一二
㊌ 卯山 五九三	三七五	一五七 酉向
㊌ 九四八	七二一	二六六

此地离方有水。巽方水特大。艮方又有大水。卯方有小池。兑方有山。高而逼。

仲山曰。此地折後。大主淫亂。主人曰。先生須看得真。

仲山曰。非此無可斷。主人默然。

沈注。此局葬後。主淫亂也。因兌方有山高而逼。旺氣不通。五為九離之。離為中女。主婦人掌權。乾為主。為夫。六白乾位。已犯伏吟。故家主不管閑事。主淫亂也。卯方池水是五九。艮方大水是四九。書云陰人滿地。成群。紅粉場中快樂。巽為長女。離為中女。均生慾火。故主淫亂也。

山向飛星遇五黃。如一白坎運。仍屬坎之氣。如二黑坤運。則屬坤之氣。三四六七八九運照此類推。如五黃運。山向飛星遇五黃。則山上何星入中。即屬何星之氣。（參看第一冊補遺第八頁）五為九離也。指納甲而言（見第一冊補遺八頁）

伊姓祖墓　癸山丁向　五運折

此地吳方溪水來，從寫橫過至庚酉辛屏曲消出。其方有節孝坊。

三一 四二	八七 六七	八六 九七
丁向 六八 七九	一九 五五	四一 二三 癸山
二一 四〇	三二 三三	七六 七八

仲山曰。此地葬後。大發財丁。惟無讀書人。六運平。又

七運運盤七入中宮。挨星至巽巽方星六。

運又大發。然多口舌官訟。

沈注。大發財丁者。因旺星到山到向。向上又有水故也。巽方本一白同宮。又有節孝坊高起。主發科名。因地卦乙乾天卦一。故不出讀書人。六運年年。艮方無水故也。七運大發。因水屈曲出兌方也。七運多官訟者。七為兌。兌為口舌。又運盤巽星六。六為官貴。巽方節孝坊高起故也。

此坟东首有穴相連。山向同運均同。發後亦大發。惟啞二女一子。因伊姓坟穿於兌方。兌為口。為少女。故主二女啞。一子啞者。八剋兌。為艮。艮為少男。故一子啞。此毫釐千里落空亡之謂也。

華姓祖墓　癸山丁向　五運扦

此地巽方來水，至兌方屈曲而去。又巽方水外有秀之峯。

向丁

四三 八七 九八
五 一九 五四
一四 三二 七六

山癸

仲山曰：此局葬後，大發財丁科甲。七運大發刑名官。

三十二

沈註。發財丁出。旺星在山在向。向上又有水也。主科甲出。其方四一同宮。又得水外尖峯之妙。是二黑同到。不能害也。書云。一四同宮。準發科名之顯。六運平平。因艮方飛星是六。艮方無水故也。七運大發刑名官。位至三品。因雙七臨於兌。而水又屈曲而去。此即城門一訣法耳。

某姓祖墓　癸山丁向　五運折

六二 二七 八七 九三 八六
丁向 五九 九五 四一 癸山
二四 三三 七八

此地水從巽方來。至兌方消去。兌方有尖峯。

仲山曰。此坟葬後。主發財丁。惟產女一子非嗟。

三十二

沈註。兩女一子啞長。因兌方有尖峯。兌為口舌。雙七歸兌。兌為少女。故主二女啞也。一子啞長。因八到艮。艮為少男。故壹子啞也。貴財丁長。旺山旺向。向上有水故也。

周姓祖墓。壬山丙向　五運卦

此地坤方有水放光。

(水)

丙向

九八の	五の九	七六二
八七三	一九五	三二七
の三八	六五一	二一六

壬山

仲山曰。此地初葬不利。六運大發財丁。八運長房敗。

三の

沈註。初葬不利者。上山下水故也。交入運丁財兩旺者。以坤方有水放光。坤方星入。故主六運旺也。一交八運。長房不添丁。財亦敗歇。八運向上飛星四到向。（七赤金剋四綠木。四為長女。故為長房。）爾時長子尚有一子。至道光七年丁亥。二黑入中。六白太歲到向。金剋木。故長房之子。出痘而亡。

八運

紅廟	八二 五	四七 一	六九 三	向
	七[illegible] 四	九三 六	二五 八	
山	三六 九	五八 二	一四 七	

邵姚徐雅祖墓　丑山未向　五運扦

九三 四	四七 九	二五 二（未向）
一四 三	八二 五	六九 七
五八 八（丑山）	三六 一	七一 六　水

此地兌方有水，巽方有山。紅廟。

錢蘊巖曰：此坟葬後，富貴兩發。六運中鄉榜五人。

三五

			向
	三六 七	七一 三	五八 五
	四七 六	二五 八	九三 一
山	八二 二	六九 四	一四 九

一神童。年十五中進士。十九歲吐血而亡。現交八運。長房淫亂。今科名已無。財氣甚大。

沈註。此局先發財丁者。旺山旺向。且中宮星五。向上星五。山上又星五。山向合十。與中宮亦合十故也。發科甲者。乾方開岩之水。一六同宮。與六方又四九為友也。中五人者。山上旺星是五故也。吐血而亡者。紅廟高聳耳也。八運無功名者。八向上山。艮方無一白也。八運長房淫亂者。巽為木。為長女。故危長房。巽方有九。九為戀火。且有三。為長男。為賊星。以戀大之女。與賊星之男同居。能免無淫亂耶。財氣旺者。合十合十五故也。

陳作六祖墓　乙山辛向　六運扦

三七 五	八三 一	一五 三
二六 四	四八 六	六八
七二 九	九四 二	五九 七

乙山　辛向

戌乾亥有浜水。至庚酉辛闊大。坤申消出。艮方另插一浜。直射穴後。

仲山曰。此等山向凶多吉少。主人曰。吾後六百服敵

三六

田。一敗必廢。寡居五又人。仲山白。上山下水。女禍必皆不外此。泆淫。此局艮方一泉射入。而艮之星是二。二為寡宿。又為少女。是山上六白為男。男已落水。故主傷男而為寡婦也。來水去水。向首并剋。蓋向上星一。來水是九。為水剋火。向上星一。去水星五。五為廉貞火。作火論。亦水剋火。飛星又上山下水。故葬後一敗必廢也。然此地必無氣。必有氣之地。見財丁兩敗。而功名可許。因乾兌離方有水。一為魁星。九為文明。見剋無疑也。

鄭姓祖墓　癸山丁向　六運扦

	向丁	
一二 五	六六 一	八四 三
九三 四	二一 六	四八 八
五七 九	七五 二	三九 七
	山癸	响水

此地由癸丑艮高山出脈。乾上澗水声响。從兑坤流至巽方。艮方撓出一條山岡。卯方低至巽方高起。

仲山曰。此地卯葬時。有旺星照穴。巽方有水。尚屬年

三七

順。一交下元甲子。損丁作賊。且犯血証。並損丁財。廉貞并臨。作賊財。破軍失陷故也。

地注。此局雖斜順利財。旺星到向。午方有水也。七赤氣不通。又有掩出一條穿砂。故交下元甲子。主作賊。坐山上無星七到。作賊財空是本家。坐山上二五交加。又五七同宮。兌上七九同宮。七爲口。離火色紅。故主吐血。況火尅金乎。然此地交八九兩運。定順利。因乾兌兩宮有水也。但盜禍終不能免。因艮方有穿砂。形不美故也。

八の 三一 一六
九九 七七 五四
八八 三三 九一

周雅祖墓　壬丙兼亥巳　上運扦

坎三　九の八　一七
低田
丙向 六一 三六 七二
王山
高田 三一 四の九 八五九

就從坎方低山。穿田至江口。兑方有低田界青脈氣。坤方有支水來堂。未方無有一支水暗來不見。穴前只見長巽巳三位高田。不見水光。坎方有江闊宕。由震艮消長。

仲山曰。此地惜前朝遠而不秀。巽方水未能圓亮。放

三八

光。否則為狀元地也。今狀元峯不秀特。貪狼方又無水。富而已矣。恐小功名亦難得。大言惡符。

沈註。此局壬丙兼亥巳用坤壬乙法。諸向上飛星名下一卯壬。壬挨註向。不用一而用入中。替卦法也。向上得一六八。山上亦得一六八。故坤山許為狀元地也。然巽方一白星高田而無水。狀元峯即朝山。遠而不秀。故言小功名亦無有。僅得富而已。若朝山一秀。巽方有水放光。此即六白向秀峯。配一白水。有不中狀元也哉。

胡姓祖墓　午山子向　六運扞

四 三	八 八	九 七
五 一	一 六	五 二
二 五	六 四	七 九

離方有高山，兌方有石橋，艮方亦有石橋。乾方來水，艮方來水，至亥方消去。

仲山曰：此局葬後傷丁，祖業被蕩。

三九

沈註。此局旺星到高山。卯方來水石橋是之七九。向上是二五七。艮方有橋是五七九。是山上旺星到山。不旺人丁而反損丁何也。因兌艮坎三方大凶故也。此不參山旺人丁之活法。

陳姓祖墓　庚山甲向　六運扦

三三　六八　七七　庚山

四九　八一　二二

九五　五四　九九

甲向　△

仲山曰。此局字峯朗高。艮宮見水。讀書之聲。三元不絕。按此局旺山旺向。向首一四同宮。全局合十故也。現行八運。少丁少財。且主出賊。

地。謹寅峯高起。探頭在陰位。本家必出一賊。其兆在二房。以坎為中男。離為中女故也。按八運探星二到寅、山上飛星四到寅、皆陰位也。

孫姓祖墓　癸山丁向　六運扦

	向丁	
一二 五	六六 一	八四 三
九三 四	二一 六	四八 八
五七 九	七五 二	三九 七
	山癸	

當午方有壩。水喻。從未坤申積庚酉辛瀦大。至辛戌方消去。

仲山曰。葬後財丁大旺。惟子孫多患眼病。又運平。八

四

六運扦放入中宮山上飛星六到向謂之下水

運財更旺。

沈注。義取旺丁財也。因飛六到向。向上有逆水故也。山星到向上為下水。然雙六為六和。故丁亦旺也。子孫多形眼病也。因向上旺星是六。六為乾為首。壩水嚮禍。故主形勝。且山上龍神下水。亦主外症也。坤上之水是四木。兌方大水是八四。七金剋四木。我剋者為財。又土生金。故大旺財也。七運平平。艮方會水故也。八運財更大也。兌方有大水也。

金姓祖墓　巽山乾向　六運格

此地來龍由巽入穴。向上湖水如鏡。坤方有水。兌方有遠水來合。出於坎。震方有汀浜。

巽山 八五	九一	三三
九（汀浜）	六八	七八
八九	一二	五七

水　乾向

仲山曰。此坎主丁財。丁萬有貴。且坤上之水。天卦受

双

妙。主損男丁。主人問何房承當。仲山曰房房沾着。蓋由挨星地卦二。剋天卦一故也。

沈註。此為財丁貴之局。向得旺向。財也。向上亦旺丁。故主財丁。六向為官星。故主貴。兑方遇水來。兑星五。有水來。地之力反為久。即兑亦運。亦不忌其入中矣。坤方地卦是二。天卦是一。謂之下剋上。水被土制。此方又有水。故主損丁。況坎方所是一二。巽四上山。故得不房房沾着乎。輔山上飛星六到向。曰下水。主傷丁。故六到乾向。此名伏吟。故有此。是以上山而犯反伏吟也。

徐姓祖墓　癸山丁向　六運附葬

	向丁	
一二 五	六六 一	八四 三
九三 四	二一 六	四八 八
五七 九	七五 二	三九 七
	癸山	

此地坎龍三台落脉。未坤方有水。流入离方。离方有湖。穴前不見湖面。大湖收小如鏡。

仲山曰。此坟四運葬後。大敗財源。六運用原向附葬。

四二

四運之盤

向上之八土被中宮之四木剋之謂之向剋入故為退神

六運之盤

中宮之六金生向上之一水故為進神

發科甲。如運葬而敗者。不得其時。吉地亦凶。由退神管向也。六運葬而發者。由進神管向也。按四運運星八到向。四木剋八土。故為退神。六運運星一到向。六金生一水。故為進神。

沈注。四運中立此向。是形巒甚美。而水裡龍神上山。故大敗財源。六運附葬。照星之向。向上之湖。又得一六同宮。天玉云。紫微同八武。秘旨云驅車朝北闕。時間丹詔頻來。所以發科甲也。按紫微為亥。八武為壬一。即一六同宮也。山上飛星之六到向。為下水。有一六之吉徵。而山亦不傷。乾山為車馬。壬一為北闕。丹詔頻來。亦一六之義也。

鄭姓祖墓　戌山辰向　七運折

此地就從離方屈曲而來。由乾亥首。內堂水從癸丑方來。外堂辰巽巳甲卯乙方水甚大。由艮寅坎消出。

仲山曰。此小財丁地。綿遠可致。但子孫必有折足者尤貴。主人曰。然自明迄今大貴。清和以來。子孫中代代出一蹺子。俗呼為蹺子坟。

沈註。此局旺星到山到向。故主丁財綿遠不敗。而上旺星是六。若云因時。須得一百八十年。故言綿遠也。小財丁也。無形形局不大也。子孫出蹺足尤甚也。因艮方出水去。水去形如蹺足。故出蹺子。尤貴也。水大也。飛星到艮是三。三即震。震為足。更加其形如是。故主足疾無疑矣。

慈谿俞姓祖墓　子山午向　七運扦

水	向午	水
の一 六	六八 二	五八 四
九九 五	三二 七	一の 九
九八 一	七七 三	二三 八
水	山子	水

此地平田蹴。從子癸方來。乾坤艮巽四維之方均有水。

錢蘊巖曰。此地主餓死。後果以中風不能食。餓十餘

の五

日而死。家業亦蕭條。

沈謨。號有陳推故。扦於二運。而四維之方皆有水。推水外有山。坐朝與此相同。葬後出若儒巨富。此地亦四維之方有水。特水外無山。致饑死者。彼係旺就旺向。四方死后有情。此局是衰向。全無生氣四門。且向首運星是二。二為坤為腹。向星是六。六為乾為頭。頭腹皆無生氣。所以饑死也。此與陳氏一局。所謂吉凶不同哉也。

王御史祖墓　丁山癸向　七運扦

山丁		
九一 六	五八 二	八五 四
九八 五	二三 七	九一 九
七五 一	七三 三	三二 八
	向癸	

此地离方高山。貼身出脈起墩。坤方依巽震洞水。流至坎艮聚諸。無朝案。

山上飛星至向上之數與運盤中宮之數同曰下水。向上飛星至山上之數與運盤中宮之數同曰上山

仲山曰。此地葬後。有財無貴。得占午年旺氣。出御史

非此地也。

沈註。此局雖盤七到向。財自旺矣。八運本屬不通氣。而山上龍神已下水。故不主凶而反吉。九運艮方有水。仲山故云。得六十年旺氣也。不發御史者。因坐坎無秀峯。朝山無峯。八方又無秀挺之峯。故主富而不貴。發御史者別有故耳。

馬姓祖墓　辰山戌向　七運析

辰山

七九 六	一四 二	九二 四
八一 五	六八 七	四六 九
三五 一	二三 三	五七 八

水

戌向

此地就從卯山方轉巽入首。高方山活石巉岩。至坤兌轉至乾方作朝案。案外飛竄不靜。穴前有水。

仲山曰。此坟葬後。吉不振也。因運財氣順利。至壬申

四七

年。雖兌傷丁。現行艮運。財丁兩衰。乙未年又有官訟。丁酉亦然。主人曰然。

沈注。前運順利者。旺星到向。向上又有水也。然形無山巉岩。故吉。又抵山且運又甚短。壬申年太歲八白入中。九到向。山上之九。移於向上。故損丁。況窗外朝山。斜飛又靜。一交八運。向星入中。乙未年官訟者。太歲三碧入中。七到離。離方巉岩。故主訟。丁酉年太歲二黑入中。七到坤。坤亦巉岩。故又訟也。

某姓墓　辰戌兼巽乾　八運排

四五　九一　八九向戌　(水)

洞三　七八　六四

巽七　五六　一二

此地就從辰巽來。辰巳方有高峯。戌乾方有大水放光。

仲山曰。此局上山下水。主凶。且就運已死。立戌向。就

四八

神交戰。主出大盜滅族。

沈注。辰是巳誤。八運巳非時。巽方是木。八運到巽是土。非金剋木。故云死誤。八運立戌向。向星到辰是八。巽木又來剋土。故神交戰已極。此地當出大盜滅族之人。因辰為天罡。戌為地煞。故交一運。必出凶惡之徒。因一到向上。失水故也。至二三運。即能滅族之禍氣。若坐下無山。向上無大水。只主軒發結流。斷不至於滅族耳。

鄒狀元祖墓 卯山酉向 九運扦

八一 八	三六 四	一八 六
九九 七	七二 九	五四 二
四五 三	二七 五	六三 一

卯山　酉向

此地卯方高山尖頂落脈縮細又聳尖頂。仍落脈生石鉗。鉗穴生土墩。傍靠墩葬。儼如圍椅。上降頓伏不數層作內襯。乾峯遠出十餘里。量氣寬大。兌方河水十餘里。屈曲來朝。

四九

仲山曰。收取氣者發貴。向上之水。坐下之山。形局得其美。總財丁不出旺。此不得時之故也。

沈註。有此美地。使得運得局。定當大發。惜不得其時。但取氣者發貴而已。可見單講巒頭者。不得其時。吉地太減力量。氣方一六同宮。三碧木局主功名。救四運丙發是甲也。

許姓祖墓　丁山癸向　九運折

此地平洋干龍入首。左依田，右河浜。前大湖。

[田][陸]
一六　五三　五一

[田][平]
一四　四五九　九五九
向癸
[大湖]

[水]
江八　六七　七三

仲山曰。敗丁敗財。因向上湖水受煞也

沈註。此鄙姓之墳。因旺星不到向。大減力量。此局旺星到向。乃云敗財敗丁者何也。蓋九運最難取裁。向上無水。固屬不美。向水太旺。火光越盛。亦不宜。坎兌方三碧木生火。震方又赤火比和。大會聚敗。向首火愈熾矣。此不為但知旺星者戒也。九紫運往之雙到向。又雙到山。大抵山上一盤。取二黑八白就入首。向上之水。取田源渠溝。或狹河小港亦可。一白方不通氣。固屬不可。一白方水大。亦嫌水剋火。總之不宜見大水為是耳。

陽宅秘斷 计十七條

無錫章仲山原著　錢唐沈竹礽詳註

陶姓宅　丑山未向　五運造

丑　水　向未　水

門		
九二 四	四七 九	三五 二
一四 三	八三 五	六九 七
五八 八 山丑	三六 一	七一 六

向上有破屋并水。门開巽方。门前有三叉水。只兑方有水。至巽方门前聚消

陽宅　一

此屋住後。財丁頗好。旺星到向也。至六七兩運。病人常見女鬼。因向上有參差之樓故也。

某宅　子午兼癸丁　五運造

二一 四	向午 六五 九	四三 二
三二 三	一九 五	八七 七　暗探
七六 八	五四 一 山子	九八 六

此宅兑方有暗探。七運見鬼。八運已消。可見暗探必主出鬼。不必拘定二黑為鬼也。

二

此屋住後出寡婦。中年以上。人丁乱死。因坤土剋坎水故也。此從屋向斷。不從门向斷也。

某宅　壬丙兼亥巳　五運造

此局用變卦。故七入中。癸山之一為壬。壬挨二巨。巳向之九為丙。丙挨七破。故山向飛星。不用一九而用二七。此用替卦之法也。

向丙

九八	七六	二三
一四	三二	五一
六四	八九	四七

此宅不用變卦則山上飛星五到山，向上飛星五到向。犯上山下水。故用替卦而以二七入中。

三

此屋得令。寡婦當家。非夫人主政。因乙為寡宿。七五入中宮。七為少女。故主非夫人主家政也。

某宅　辛乙兼酉辰　五運造

	八三 四	三七 九	一五 二
乙向	九四 三	七二 五	五九 七	辛山
	四八 八	二六 一	六一 六

路

此局用变卦。故二七入中。

挨向上挨星為三。三卯乙。乙挨辰。故飛星不用三而用二入中。

亦用替卦法也。

此屋但係多女少男。運產八九女。只生一男。坎方有路。外夫人生於聰明。西細生於晏晝。因二六到坎故也。生女者。氣衰也。即陽卦亦生女故也。

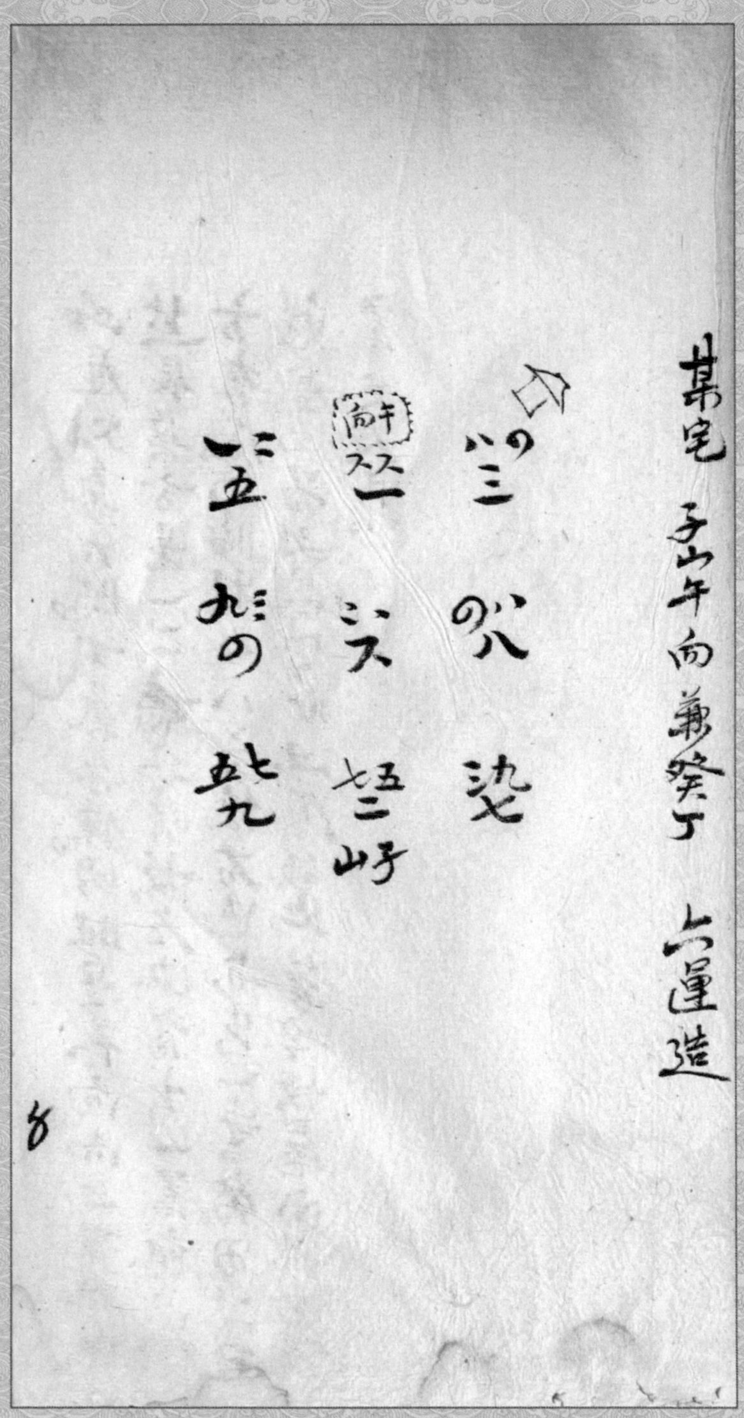
某宅 子山午向兼癸丁 六運造

此屋財氣大旺。丁氣亦佳。因旺星到向。向上有水也。然辰巽方是一二。離外有坡。屋邊皆是一書窗。未坤方有屋。門牆形如八之位。右邊每是一書窗。因一白魁星。四為文昌。皆被土壓殺也。若無坡屋不遇出讀書之人耳。

某宅 子山午向 六運造

向午

一二 五	六六 一	八四 三
九三 四	二一 六	四八 八
四七 九	七五 二	三九 七

山子

不

此宅对宫有屋尖冲射。中子落家。因坎入中宫。坎為中男也。然屬破官府暗葬。以星屬旺向。因有鄰屋冲射。向上星不。不為官星故也。

某宅 丙午兼壬丙 六運造

八四 三	四八 八	三九 七
午向 七五 一	二一 六	七五 二 子山
二一 五	九三 四	九

此宅向得六白。双乾到向。乾为陽首。坐子向午。而地畫八卦之坎宅。陽六为坎宅生氣。金生水也。且合紫微八武同到之妙。便門開震巽方。進内屋。巽方二黑为孤陰。为坎宅之難神。坎宅水也。水被土剋。故为難神。通見一向同在巽宮。土剋水也。一为魁星。主出讀

書人。今受土剋。故讀書將成而病。生水虧之証。恐夭天年。此宅內戶門。宜離兑艮三方為合。因離為六白旺氣也。艮為七赤生氣也。兑為八白生氣也。坎巽坤路無要。四綠門。四為文昌。切忌走巽門路。巽方是之主病符。且剋坎宅。灶為一家之主。此宅灶宜在震方。大門宜向西。木生火。火生土也。又宜在兑方。大門向震。火生土。木生火也。又宜在坤方。火門向坎。木生火。火生土也。但巽方是宅之病符。坎方是宅之五黃。均宜避。此大門向艮。是大剋兑金。主口舌。有肺病血症。以離為方。名火燒天。主出逆子。書此可通此宅之法。

會稽任宅　子午兼壬丙　七運卅一

向午

四一 六	八六 二	六八 四
五九 五	二三 七	一四 九
九六 一	七七 三	二三 八

山子

此宅前面地高。後有大河。乾坎艮二方均現水光。後有大塊池水一片綠色。屋內多陰暗

住此屋者。財丁兩旺。因雙七到後。後有大河故也。然屋內有身穿綠衣之女鬼。至申時為現。因雙七到坤、

八

七為兌。為少女也。七星到乾。二為坤母。五黃到艮。為
廉貞。即九紫。為中女。五黃又為五鬼。此三方皆有大
河水。坎兌合坐下之七。即陰神滿地成群。故主出女
鬼。於申時出現也。以坎為陰卦。申乃陰時也。穿綠衣。
因槐映水作綠色也。且屋陰暗。故鬼棲焉。八運初。
錢韞岩於未方為開一門。至今鬼不現矣。因未方係
八白旺星。艮方受為二黑。五鬼已化。故無鬼也。此乃
一黃當權。驅邪并服之謂耳。

會稽章宅　子午兼癸丁　七運造

二三六	七九二	三五八
四三七	六一九	一七四
八四五	五八三	九一

此宅星星不收。宜主財丁兩旺。以七臨坎至八運財大退。以坤方無水且有高樓壓塞。名為上山故也。又有官訟不休。以二為坤。六為官星也。此宅若兩家合住。書云。一宅分房宅氣殊。一门換作兩门推。左邊所住之人。居乙五之位。

九

兌

是衰方。以運上山。宅主書索。右邊所住之人。是八位。是係上山。地盤尚旺。故左邊之財。大有高下。並總文吉耳。門開一六之方。書云星好。見方所住之人。一六同宮。宅主采芾。屋後之巧。乾方有饒足之象。且居於乾之三。三為震為足。住乾方屋後。必出一蹺足。左邊所住丑方之人。必出一瞽女。因丑方九五同宮。且有門屋塞壓。九為離為目。五為土。目中有土。故主瞽。書云離位傷殘而目瞎也。左屋之灶。建於震方。震九位火。門向午。午即六。宅主女子不睦。書所云火燒天也。然無罵父之無忌也。形局無張牙之狀耳。

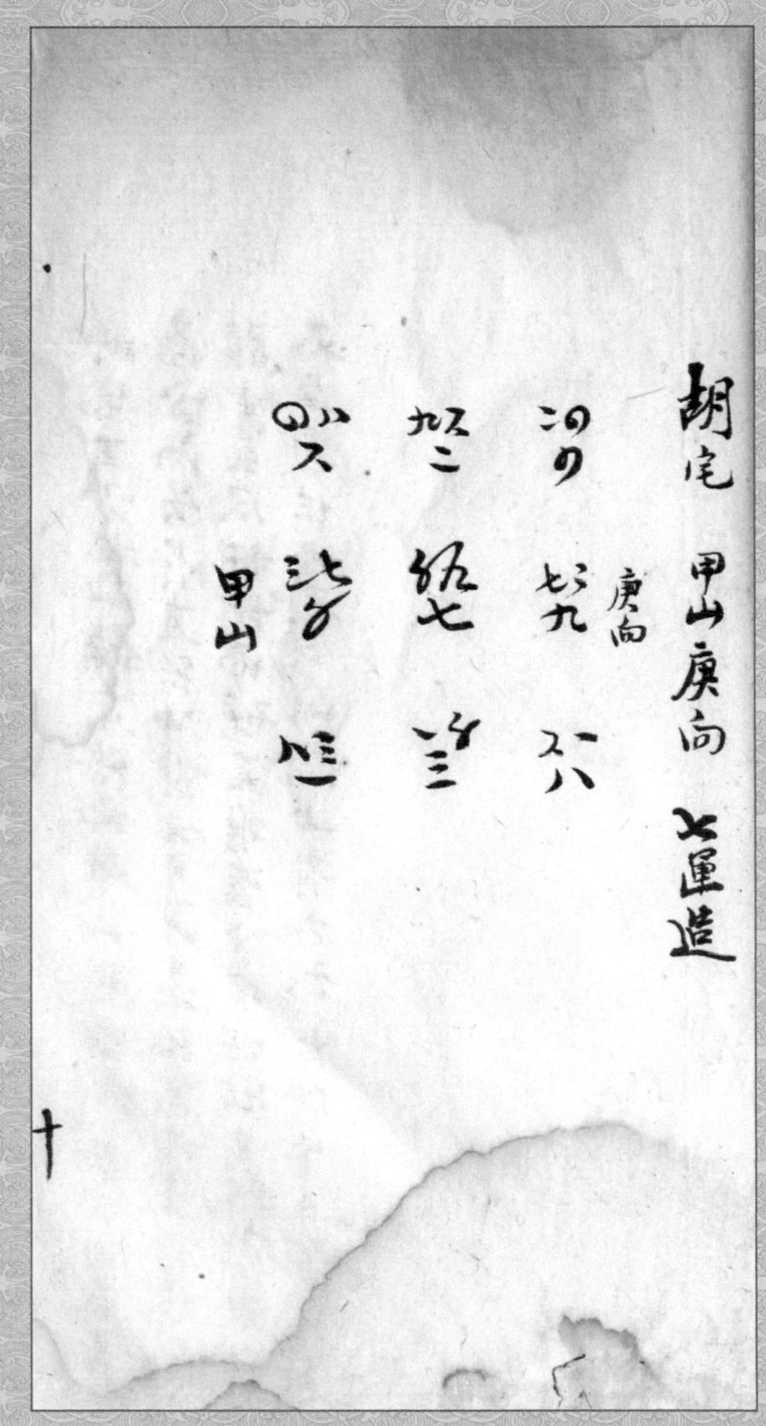

胡宅　甲山庚向　七運造

庚向

甲山

十

此宅丁才有一條直路而進。山顛水倒。本主不吉。且虎方只有直路冲進。又是二星同宮。宅主出聾又瞎。書云。風折地而硬直難當。宅有婦姑之辱。姑受欺不至氣結而死也。以門上有九紫。火能生土故也。

某宅 申寅兼坤艮 七星造

峅一の 癸九 九八

八五二 の七 九五三

五三六 二三五 七一 向兵

十一

此屋住後。財氣頗佳。然其方有高樓沖射。必有一老寡婦爭田涉訟。因六為官星。二為寡宿。又為田土故也。又有少女喜中男。少女伴一中男也。因向上雙七。七為少女。又向上有乙到。一為中男故也。

張村丁宅 子午兼癸丁 七運造

路

門

	向午	
四一 / 六	八六 / 二	六八 / 四
五九 / 五	三二 / 七	一四 / 九
九五 / 一	七七 / 三	二三 / 八
	坐子	

此宅门開巽方。若有直路闊大。從午方引入。

十二

此屋向星上山。係會水。本主不吉。門開巽方。本一四同宮。主發科名。因路氣直沖。而水不環流之象。四爲長女。故主婦人貪淫。路從午方引入。直進前門。主午人進來。來者必一光頭和尚。因向上之之入。再推離方。形被火燒。故主光頭。下推而之之門。每婦人多接也。且巽爲僧。故主來者爲和尚。若此門若必有抱肩稱。否則無此病也。

許宅　子午兼癸丁　七運造

向午

四一六	八六二	六八四
五九五	三二七	一四九
九五一	七七三	二三八

山子

門　路　路

屋后有河。巽方開门

路從艮至震至巽。引

入门中。

十二

此屋住成。財丁兩旺。因旺星到向。向有河水故也。門開巽方。乃一四同宮。雖卑發科名。且向上星又。巽方運盤亦是六。六為首。且六與四合十。又一與六同宮。震為案首。故孟仲兩人。均考案首而入泮。進氣艮震兩方之路。均犯九五同宮。故為瞽目之人。

案

人

湖塘下陳宅　亥山巳向　八運造

八三五　四七一　三八九
六五三　二九八　七〇四
一一七　九九六　五四二

向巳　　　　　　亥山

屋後有窯三座。在戌乾亥方。巳方照牆。寅方開大門。门兮有大湖放光。又有路直冲寅向。

此屋住後。家主即吐血而亡。因乾方水與同宮。犯大殺

门

金。又有三案火光遶餱。真大叉来尅金。离色赤。气为主。故家主吐血而亡也。実方门二四同宫。二为姑。四为媳。又有直路冲门。门前大水为五黄。故主姑媳不睦而致讼。以六到艮宫。六为官事也。次子病后而哑。以巽为风为声。震为音。二五同宫。土塞声上。故主失音。中宫七二九同宫。書云陰神满地成群。红粉場中快樂。故主姑媳不和也。 此宅若开门向丑。八白旺星到门。主二十年吉利。財食兴隆。所谓一贵当权耳。

東溪周宅　酉卯兼辛乙　八運造

㊥酉山

三五四　八一　九七九

六三　一六八　九六四

二四　二六　七五二

卯向

此宅坐酉辛方有井。作書房。於道光乙未丙申兩年。先生於死兩學生。均於上受傷而死。

此屋旺星到山。本主不吉。向上運星之六入中。已滅

十五

中宮主。乾六為首。為師長。巽四為木。為教令。向上三四六同宮。故首上加木。中宮八六一同宮。故女男孫上有血。辛方之井双八到。八為女男。井在運盤之坎。坎為血。必待乙未丙申年應。乙未三碧入中。中宮首上加木也。五黃到井。五為大煞。書云五黃到處不留情。一白到處。一為坎。為血。血上是人。孫已出血。故主打死。打死者。必是二月。四入中。中宮孫上重加木也。六白到井。孫上見血。二黑到向。太歲臨向也。所傷之人。必屬牛者。丙申年四綠到井。二黑入中。太歲臨中宮。四到井上。木剋土也。然必是二月。一四中宮。孫上見血。傷者必肖牛也。

肖

某宅　未山丑向　八運造

六三 五	一七 三	未山 五 八五
七四 六	六 八	三九 一
二八 二 向丑	九三 四	四一 九

乾坎二方。有水放光。

至丑方门前橫過。

此宅係及丁財兩佳。因旺星到生到向。向上有水放光。

惟嫌乾坎兩宮之水。皆四七八九同宮。乾方本無六到。

十六

而地盤星六。故爲四六也。書曰巽宮水路纏乾。主有懸梁之厄。故主屋內有一女人。身穿紅衣黑背心坐而吊死。此因乾方地盤見星六金也。金重故不能懸起坐而吊死也。穿紅衣黑背心者。因九之同宮。九爲離爲紅。離中虛。應於坎位。坎爲黑。且中滿填補離中虛。故穿紅衣黑背心也。若六在上。四在下。而主懸吊矣。

甯波府基　癸丁兼丑未　八運修造

一五	六一	八九
丁向 七三	四二八	九四 癸山
三七	二四六	七二

此圖向上換星為三。三卯乙換巨門。飛星不用三。而用二入中也。用替卦法也。

向上換星為三。三屬震卦。在癸丑向。三卯震卦中之乙。乙換巨門。巨為二星。故以二入中。

府基兼未。宜用變卦。丁卯乙。乙卯巨門。乙陰逆行。二入中。七為向。

八白運修造。用變卦。七為向。向上死三七。[illegible]歸。主刑盜驚叟

十九

人來剋財也。未坤申方。如五廉貞與一白同宮。一水賊也。廉貞火也。庚酉辛方。與火獨焰。一六又在同宮。一為水賊。六為兵刃。故主海盜從西門而入。與燒屋宇。戌乾亥方上加離。離上加廉貞。壬子癸方。與九同度。辰巽巳方。三七疊臨。丑艮寅方。有二七同度。二為火星。七為兵刃。震方為是風火同宮。故主滿城皆火賊也。

以上斷語。陰陽二宅。皆須心靈目巧。形氣兼觀。若拘拘呆法者。不足語於玄空之道也。但求地必先積德。又善之家。須慎用之。錢唐沈竹礽識

常州張姓祖坟

癸山丁向一白運扦

丁向

八三 七	三八 一 五	六五 九
八三 三	五六 一	七四 八
四七 二	九二 六	二九 四

山癸

此局坤水屈曲而來轉至巽方會聚至艮而消、仲山斷曰此坟葬後長房應發秀、次房丁秀大盛、財亦旺、盖得輔星成五吉也、闔之主人曰前稱百萬之富、今僅半百矣、此一六八俱到向上。又見水光真合五星之妙。長房發秀而財不大旺者。蓋六為乾。乾屬長。又六為官星。故主發秀。六又為金星。生向上坎水。謂之生出。故財不大旺。次房丁秀大盛。而財亦大旺者何故。蓋雙一到向。又坎為中男。故二房更發也。

楊姓祖坟

亥山巳向 一白運所扞

七八 九 (巳向) 水	六五 五	八三 七
九二 八	二九 一	四七 三
五六 四	七四 六	三八 二 (亥山)

仲山斷曰大龍從坤來轉庚酉辛直至丑艮寅而去脉從乾方腰落開窩結穴乾方有湖巽方有水呈秀

仲山曰此坟自明迄今科甲綿連富稱數十萬人丁亦盛蓋天盤地盤合一四全宮天卦地卦亦合一四

仝宮之古妙也

此坟自明萬歷年間葬後當一白正運局勢宏敞、水光圓亮、龍真穴的、地盤是四、而向上天盤到地盤是一、地卦是四、而山上天盤之一又到、更得向首合十、坐下合十、入中之卦又合十、所以自明迄今富貴未艾也、

郘塘橋張姓祖坟

申山寅向　一白運扦

		申山
八三 九	三八 五	七一 七
九二 八	七四 一	五六 三
四七 四	二九 六	六五 二
寅向		

此地艮方有大水放光乾兑二方亦有清水映照

仲山斷曰初年立寅向不利至五運六運大旺財丁交七運後丁稀財退蓋運不得令星亦不得令兼有男女淫亂之醜

一白扦此地向上水光反主凶險不利五運六運入乾兌兩宫之水是以大旺財丁一交七運向星入中星不得令也一白七到向運不得令也向首四七主女淫客星一白到向主男淫觀此可知旁氣一通亦主四十年財丁欲學者以此局為法可也

無錫石塘灣孫姓祖坟

子山午向 二運扦

午向

水去

八五 一	三一 六	一三 八
九四 九	七六 二	五八 四
四九 五	八八 七	六七 三

子山 大河 背

此地庚酉辛河水大宕由坤离震巽復從辰方消出坎方有大河并有一直浜當背冲於穴後

仲山斷曰此坟扦後已合元運理當速發坎方之水取其特也但形巒不美一失元運即財丁

兩消矣。主人曰：我祖葬此坟時，賣糖度日，葬後本身發有十餘萬，下至數世，猶有五六萬，惟丁氣則大減矣。

此葬後大發財丁者，因兩盤旺星到後，坎方有水特大，名為倒潮，故其發最速。天玉云：吉神先入家豪富。其餘兌離巽之水皆收不起，故一水得元，然坎方之水雖特大，而當背冲来，究屬不美，故一交七運，必主大敗。

上虞錢姓鯉魚山祖坟

辛山乙向兼夘酉

二黑運所扦

此局葬後財丁兩旺，兼出科甲，每中雙人，辛未年出詞林一人，係丙申命，然此地必出瞽目寡婦，尤發斷曰：財丁兩旺，雙二到向，水外有山也，五六運內每中雙人，因兑乾二方飛星是五六，此二方又有山峯，故五六兩運至中雙人、巽方消水處、雙一到也、此即城門一訣、法丙申命辛未入翰林者、中宮是九二、向上亦是九二、九即丙、二即申、況辛未年九入中、二到山、所謂太歲臨山、山上是七、七即辛、太歲是二、二即未、二七全宮、即辛未也、向上兩重二、太歲吊照、是年九入中、七到向、亦即辛未也、中宮定盤是二、七運七入中、亦辛未也、有此四辛未、故入詞林也、出瞽目寡婦者、因向上是二九、二為寡宿、又為土、九為目、土入于目、為地火明夷、故出瞽目寡婦、瞽目尤發者、因向上有水也、七運小房必有絕嗣者、因七上山故也、至九運向星入中、必退財損丁、兼有火災、然科目終不斷、因城門地畫八卦、是四、雙一仝到巽宮之妙也、三四到向、定主其火災、書云、七九合度、患火惟均、又云、火若尅金兼化木、數驚回祿之災、即此之謂也、

孫姓祖坟壬山丙向

二運所扦

	丙向	
七 六 一	二 二 六	九 四 八
八 五 九	六 七 二	四 九 四
三 一 五	三 一 七	五 八 三
	壬山	

此地兑方有水放光

此局雙二到向因向上無水財氣雖有而不大兑方兩四一九名四九為友且兑方雙四即雙巽巽木尅中宮二土又尅向上兩重二土又兑方水大放光四九陰神也故一失運即主因姦破財也

章姓祖坟

壬山丙向

二運所扦

丙向

六七 一	二二 六	四九 八
五八 九	七六 二	九四 四
一三 五	三一 七	八五 三

壬

此坟葬後財丁均旺因旺星到向也然兩重二黑加於運盤之六上所謂土重埋金家主不壽世出寡婦二即坤坤為寡宿故也失運時多被僧尼剥剥消財何也因二為尼姑之類故也

施姓祖坟

酉山卯向

二運所扦

石橋

三一 一	八五 六	一三 八
二二 九	四九 二	六七 四
七六 五	九四 七	五八 三

此地坟後低田兑水遠來從乾坎艮至震方開宕巽方有橋水從巽方橋下出

仲山斷曰此坟葬後大發財丁兼出秀必歲雙進因出水是雙一故也本主科甲因龍力不强但出秀而已然美中不足世出寡婦瞽目因雙二到九之故也

裴姓祖坟
未山丑向
二運所扦

此地坤方有城樓兌方有河開洋由乾坎艮震至巽方石橋下消去巽方有大石橋仲山斷曰此坟葬後長子因奸傷足次子先充兵丁而後致富其言悉應

此局到山到向本無不利長子因奸傷足者何也、因辰方有石橋高聳向上飛星之六到巽六為長子山上之九又到卦九為女老父中女配非正耦故主奸淫況乾方有水運盤之三到乾小上之七又到乾為兌金折震足之象次子充兵丁而致富者何也、兌方開洋以聯珠法推之向上之三到兌為進神水山上之六亦到兌六為武人所以先充兵丁而後致富之應驗也

錦棚橋陸姓祖坟

酉山卯向

二運所扦

下卯				上酉
	三一 二	八五 六	一三 八	
	二八 九	四九 二	六七 四	
	七六 五	九四 七	五八 三	

此地乾坤艮巽四維有水放光水外皆有秀峯如文筆

仲山斷曰此坟二黑所扦大發財丁熏出名儒交五運之末損丁八九人主人問曰先生何知其詳仲山

曰此乃由艮方之水填寔故也

乾坤艮巽上有水為四庫齊開又謂之四水朝陽本三元不替之局況水外四方皆有山且秀如文筆其力尤加而又雙二到向旺星照穴所以大發財源兼出名儒惜五運艮方填寔所以斷五運之末傷男丁八九人者蓋五運後十年已通六氣艮方六到填寔處名為水裡龍神上山安得不損丁者乎坤為文書為二此雙二臨于向首故出名儒也

錢茶山狀元祖坟

丑山未向

二運所扦

六九 一	一四 六	未向 八二 八
七一 九	五八 二	三六 四
二五 五 山丑	九三 七	四七 三

此地左右兩山環抱坤峯高遠秀麗可愛未坤方有大湖離方水圓如鏡近在穴旁

仲山斷曰此清貴之地也庚子丙子生人應發科甲

後問茶山果係庚子生有丙子生人自少登科惜不

壽而夭

兩山環抱、朝山秀拔、左離水前太湖、此局齊整極矣、故主清貴、庚子丙子生人發科甲者、從離方之水斷之也、離方之水圓亮如鏡、近在穴旁、即是城門一訣、蓋天玉以水之照穴有情處為城門、況又四一仝宮、安得不發科甲、庚子丙子生人者、山上飛星之一到離方、一中有子故也、然庚子分金為正、丙子已偏、故少登科而夭、觀此可悟定肖數之一訣

鮑姓祖坟

辛山乙向

三運所扦

六二 二	一六 七	八四 九
乙向 七三8 一	五一 三	三8八 五 辛山
二七 六 墩	九五 八	四九 四

此地兑卯兩方有水，艮方高墩，墩外又有一峯高聳。卯方向上之水映照，坐後兑方之水暗拱。

仲山斷曰：此坟隨葬隨發，財旺而丁不旺。一交七運，二房官訟不止，且房房損女丁，蓋兑為少女，為口舌

故也

隨葬隨發者旺星到向為有水也丁不旺者山上旺星臨水故也七運多傷女丁者因艮是七不但無水反見高墩高峯名為上山故主傷丁二房官訟不止者因二黑亦臨于艮位故主二房六白臨於艮位故主官訟七為兑為口舌為少女甲子年太歲是七七入中則官訟坐中宮矣一到艮方金生水出故主官訟破財也丁夘年太歲是四四入中七到艮方七赤重逢七赤故主口舌傷女丁也

錢塘魯斯占祖坟

丙山壬向

三運所扦

山 丙

未 辰

六 九 二	二 四 七	四 二 九
五 一 一	七 八 三	九 六 五
一 五 六	三 三 八	八 七 四

庚 甲 丑

向 壬

平地開窩，甲庚壬丙四方，均有水亮。主人先曰：此地出神童。仲山觀之，曰：地局甲庚壬丙之方，水開宕有光，天卦辰戌丑未四地支，加臨於四干上，言出神童，非誑語也。

寶照云甲庚壬丙最為榮下後兒孫出神童又云穴要窩鉗脉到宮此地平洋開窩又得甲庚壬丙水亮合寶照之法況天卦向得旺向又丑甲俱到山上庚未辰俱到震方壬甲到兑方戌丙庚俱到一氣清純出神童何疑也

失其姓氏

巳山亥向

三運所扦

一三 二	六八 七	八一 九
九二 一	二四 三	四六 五
五七 六	七九 八	三五 四

巳山　亥向　田水　河水　田

此地甲夘来龍轉巽巳入首後明堂由水從兑方到向、壬子癸方有太河来穴前開宕從戌乾消出下砂環抱有情唇下有鈌夘方有一峯秀拔朝山土屏開面、

此局上山落水、葬下大房平平、二房少丁、因震方

有山二房居於震位故也

六運改葬巳山亥向

此地六運改葬後大旺財丁因兩盤旺星雙六到向故也但向上運星是七旺星是六七為口舌六為官事故主多訟缺唇在兌故出無唇之人交七運丁財兩退因向星入囚之故惟七運功名反能開科秀才生貢不一其人何也艮方是四七運運星飛到艮方是一而未方是一七運飛到未方是四兩處得四一全官故發功名也至八運則平平矣

經姓祖坟

巳山亥向兼壬丙

三運所扦

巳山

一 三 二	六 八 七	八 一 九
九 二 一	二 四 三	四 六 五
五 七 六	七 九 八	三 五 四

亥向

龍從巽巳方入首白虎砂搁抱有情有力走龍畧宕兌方有水放光坎方有小河橫過艮方有小山塞水口

此局三運葬後大房不利餘房平平大房不利者

因震卦上山下水故也震為長男五六兩運二房發財丁者因取兌方之水也兌方本六應主長房何故發二房者因此時長房已絕故也至七運多官訟者因艮方七六合宮又有山故也故至七八兩運財氣大減至九運又當起色因坎方是九又有水映照也

四運仍照原向建碑修理明於後

經姓祖坟
巳山亥向兼壬丙
四運建碑修理

巳山

四四 三	八九 八	六二 一
五三 二	三五 四	一七 六
九八 七	七一 九	二六 五

亥向

此地於四運原向建碑後二房於六運大發財丁長房大敗何也因向上山是四四即巽巽為長也且六白又到乾位犯伏吟故主敗也二房於六運發財丁者因山之二到向六白金在一宮故主發也七運財

氣亦好。因兑方有水，七運多官訟，因兑方六七全宫之故。六為官事，七為口舌也。然二房獨發者，因兑方之水是七，七為少也。至八運平平，因艮方有山故也。此地本山顛水倒，主不吉，而能發者，因龍真穴的。四運建碑之後，龍得旺龍，又得山與向合十之妙，故主發也。

稽中堂祖坟

子山午向兼壬丙三分

三運扦

六八 二	二三 七	四一 九
五九 一	七七 三	九五 五
一四 六	三二 八	八六 四

田 向午 平 田 水 子山

乾亥来龍轉坎入首艮方有蕩坤方有水曲至離方大開洋至巽方消出兑方低田、穴結極低之處

仲山斷曰、卯山卯向迎源水、合江西卦全局、初扦時必不能發、六運大發富貴、其言悉應、

此坟向上旺星到向、山上用變卦、七入中順行、旺星到山、三即卯也、所謂卯山卯向迎源水者、離方開大洋故也、況運與向合十為最吉、又艮方一四、坤方一四、俱有水光照、穴、安得不大發富貴、而初扞時不發、必至六運大發者何也、蓋江西卦為人元、人元兼、收貪狼、不當正卦、傍他涵蓄、故力不專、是以遲也、六運客星貪狼到向、水能生木、自然富貴驟興、非若他宮一卦來時、催官暫發者之可比也、

嚴探花祖坟

辰山戌向

三運所扦

辰山　太湖

三五 二	七九 七	五七 九
四六 一	二四 三	九二 五
八一 六	六八 八	一三 四

戌向

此地艮方高山起雙峯落脉出唇十餘丈左右砂緊緊環抱卯方水貼近巽離坤三方大湖湖外有山乾方有峯秀美挺拔惟峯尖稍歪

主人云葬此坟時地師曰可惜狀元峯旂稍歪他

年中採花定可必也、

仲山曰、此葬地者之托詞也、其實採花不關峯之歪由挨星一四仝宮、稍涉偏歪之故、主人細問挨星何以偏斜、乃仲山但笑而不答

蓋一四挨星偏斜、由運星之四到向、又以山上之一到向、不能以向上之一到向故也、

唐姓祖坟

甲山庚向

四運所扦

	三七 三	七二 八	五九 一	
甲	四八 二	二六 四	九四 六	河 庚
	八三 七	六一 九	一五 五	

巽方大龍從震艮而去寅甲方落脉結穴左右兩砂環抱内堂壬水聚蓄如鏡亥時方貯戌乾方開洋辛酉狹細庚申方又開洋仍從坤申轉至庚酉辛方又開洋再轉至坤申未方出大河又開洋如鏡放光

仲山斷曰、此地齊整極矣、又於開洋處合得天卦旺神、豈有不大發財乎、有曰內堂壬水主發科甲、財氣不到百萬不止云云、殊不知功名以坐山定、以城門定、此地富有餘而貴次之、以科甲之言終屬胡猜、此地水流屈曲歸庫、又得開洋放光之妙、又水到水山到山、故主大富、惜乎此地運短、一交六運、向星入中、退財傷丁、至九一兩運、又當起色、蓋九一兩方有水故也、

唐姓祖坟

申山寅向

四運所扦

山申

二 八 三	六 三 八	四 一 一
三 九 二	一 七 四	八 五 六
七 四 七	五 二 九	九 六 五

向寅

此龍從離方来由坤入首坤兌方有河乾方有高屋艮方有大河水光照面從震方消出

仲山曰此俗所謂寅葬卯發之地也六十年財丁兩旺之局也一交下元主少年兼多血症財亦大退矣

主人曰一如先生所言絲毫不差但地有三房公位若何仲山曰長房財少丁少於葬時已然至今不過如是次小二房大減色矣主人曰何故仲山曰此理難言可顯見者西北方有高屋也

寅葬卯發者旺山旺向且向上有大河放光照面故主速發一交七運傷丁退財兼患血症者因向星入囚且中宮是七一仝宮七運運星到向亦是一向上山一盤是七亦七一仝宮七為少一為血向上大水即變為血故主傷丁退財兼患血症也

長房不發者因乾方本位是六、飛星到乾亦是六、已犯伏吟、又高屋逼壓、故長房不能發也、不敗者何也、係向上旺星是四、山上旺星亦是四、四即巽巽主長、故長房亦不為敗也、向上所臨是七、出水方所臨是九、七為少、九為中、故主次小兩房發七運入囚、故兩房敗矣、

馮姓祖坟
未山丑向
四運所扦

未山

九六 三	五二 八	七四 一
八五 二	一七 四	三九 六
四一 七	六三 九	二八 五

向丑

此地乾方有橋水從橋口而来至壬子癸横過至丑艮寅三又而出甲卯乙有大河亦至丑艮寅方三又合而消出巽方有高峯

此坟葬後初年不利因旺星到後故也至五運大

發財丁因震方大河、五到震也、交六運大敗、官訟不休、因巽方是六、閉塞不通、且官星高聳、主官禍至七運向星入囚、不可救也

施姓祖坟

酉山卯向

四運所扦

五一 三	一六 八	三八 一
四九 二	六二 四	八四 六
九五 七	二七 九	七三 五

此地坟後低田兑方遠水從兑至乾坎艮震至巽巳橋下消出坟前有池

此局本山顛水倒主不吉因坐下酉龍得旺龍酉龍運盤是六地盤是七名比和故為旺龍也向星到後

後有低田遠水、又得中宮四六合十、山上四六合十、故葬後大發財丁、惟寡婦代代出三四人、何也、因向上運星是二、中宮亦是二、二即坤、坤即寡宿故也、此地傍氣甚通、發必久遠、旺星到乾、是四有水、艮方是五亦有水、六運平平、因午方無水也、七運又好、坎方乾方有水也、水出巽方是一、地盤是四、即一四仝宮、故秀才世世不斷、惜此方有橋相冲、不然、主出科甲無疑矣、

錢姓祖坟

丁山癸向

四運所扦

丁山

七一 三	三五 八	五三 一
六二 二	八九 四	一七 六
二六 七	四四 九	九八 五

癸向

此地甲卯乙方有水放光、

此局葬後漸漸起色、至六運出醫生大興家業、因震方大水山上之六到震、故主六運大發、醫生者、兩盤二黑到於震、故主醫生發家、七八兩運平平、

因乾兌兩宮無水、又無山故也、一交九運、向星入囚、女主敗矣、向上四九為友、九運運星五黃到向、恐有家門不潔之患也

談姓祖坟

壬山丙向

四運所扦

高地

丙向

一九 三	五四 八	三二 一
二一 二	九八 四	七六 六
六五 七	四三 九	八七 五

壬山

此地未方有塔、坤申小水、兌乾略大、而聚至坎至艮而消、離方有地、艮方有屋、

仲山斷曰、四房齊發、一無偏枯、惟長房丁氣稍薄

主人曰、丁氣不薄、特多損少年耳、

四房齊發者、孟仲叔季卦理各得也、惟未方之塔、有二三到坤屬長、震亦屬長、艮方之屋山上飛星是六到六亦屬長、故長房損少丁、因艮方地盤是七、七為少男故也、

鄭姓祖坟

乙山辛向

四運所扦

乙山				辛向
	一五 三	六一 八	八三 一	
	九四 二	二六 四	四八 六	
	五九 七	七二 九	三七 五	

此地卯方大墩乾方蘆蕩水從兑坤屈曲而消亥方并有水浜坎方有池離方遠山

仲山斷曰此坟葬後損丁出寡交五運財氣大利六白即退現行兑運丁口難保無虞詢之主人伊曰惟

甲子乙丑兩年連傷三男二女、仲山曰、以後還恐有損、當於乾方栽竹以掩之、

此向以四入中、六到向、向不得時、作艮向論、二土上山、主出寡、四入中、主損丁、惟乾方之蘆蕩水有五到、故一交五運、財氣大利、所謂他處有水光切近者、較向尤重也、一交六白即敗者、六本尅巽木、再以客星八到向、安得不退財、行兌運乾方之五去已久者、謂死是以損丁、甲子太歲六入中、八到向、四到山、為之上山、乙丑太歲七入中、尅中宮巽木、

則傷二男二女、宜矣仲山云、栽竹、蓋欲蔽七五之煞氣也、

青城橋徐姓坟

乙山辛向

四運所扦

辛

一五三	六一八	八三一
九四二	二六四	四八六
五九七	七二九	三七五

此地辰山轉甲入首巽巳界水兌方內明堂有水戌乾亥大水子癸大河直長沖腰外堂兌乾兩方大水

仲山斷曰此坟扦後財丁兩少且長房必爲出孤寡其言悉應

此犯上山下水自然財丁少矣巽氣失令長房自然爲孤寡別處屢屢本有作五運排者如果五運到山到向財旺而丁亦旺何謬云山臨五黄主丁少且坎方直河冲腰四運中是三五運中亦是二坤爲寡宿亦爲長房四運木尅土尤爲確當且云寡婦世世世不斷可有救否曰可於原向建碑自無少丁之患甚矣其妄矣其貽害於人非淺也夫天心一定九星遂因此而定承氣受氣必從內棺豈外面所可變易乎余此本自嘉慶十八年得来故屬

真本矣

黃姓祖坟

癸山丁向

四運所扦

低田

丁向

一七 三	五三 八	三五 一
二六 二	九八 四	七一 六
六二 七	四四 九	八九 五

癸山

高田

此地坎方高田落脉面前低田兌方有直水来

仲山斷曰扦後十年餘財丁不利長房尤甚且犯血

症一交七運有服毒身死之人

此坟四綠上山長房不利兌方七一全剋血症不

兌且兌方運星六白水上一白山上七赤七運九到兌方并將山上四綠兩星帶来木生火火尅金金為石即服砒礵之類書云我尅彼而竟遭其辱因財帛以傷身四九尅金是以服毒身死之故也

趙姓祖坟

壬山丙向

四運所扦

丙向

八九 三	四四 八	六二 一
七一 二	九八 四	二六 六
三五 七	五三 九	一七 五

壬山

此地龍從乾轉坎入首左右兩砂環抱有情龍氣穴前不見水惟坤上有池圓亮放光

仲山斷曰扦後出老寡婦交八運應有書腐小兒

此坟向上無明水雖有旺星不過平平而已况坤

上有池天卦二、尅地卦一、坤為寡宿、為老母、葬後所以出老寡也、八運向星入中本不利、四為文曲、八為少男、以文曲木尅八白土、所以出書腐小兒、此乃從向首斷也、

蔡姓祖坟

庚山甲向

五運所扦

六二 四	二七 九	四九 二
五一 三	七三 五	九五 七
一六 八	三八 一	八四 六

此地戌乾來龍轉庚入首未午巽卯四方皆有水消於艮方五里湖而出坎方有水亦消於五里湖仲山斷曰此乃一白龍配六白水財貴兩全之地然初扦不利有退財損丁之應交六運財漸旺主人曰

此蔡姓地財丁兩字亦不知其細惟蔡培於戊辰巳巳連捷發貴無疑矣

此地上山下水如何云財貴兩全蓋獨取五里湖為城門艮方山上飛星是一到為一白龍向上飛星是六到為六白水所以主財貴七運客星七入中一到艮戊辰年太歲三碧入中六到艮四到乾一到向是一白重逢一白六白重逢六白巳巳年太歲是二入中四到坐一到巽九到向故主連捷也

桊姓祖坟

庚山甲向

六運附葬

甲向				山庚
	九五 五	四九 一	二七 三	
	一六8 四	八四 六	六8二 八	
	五一 九	三八 二	七三 七	

仲山曰六運附葬後大發財丁兼出科甲

改葬後大發財丁者所謂旺山旺向也六白龍配

一白水者因龍從戌乾来戌乾乃地盤之六坐山

乃旺星之六皆為六白龍五里湖放光是一即為

一白水也、故言六白龍、配一白水、主科甲也、戊辰巳巳連捷者、一白加臨也、戊辰年、坐太歲是四吊照、中宮之四年、白九紫入中、一白到乾八月月白七赤入中、一白到五里湖、奎星加龍加水口、故中所中之人、必是壬戌命、或甲午命、因龍從戌乾来、戌犬也、乾馬也、一白加於乾戌上、故主壬戌甲午命也、巳巳年、坐太歲亦四吊照、中宮之四、年白八白入中、九紫到乾、一白到坐三月月白亦八白入中、九紫到乾、一白到坐、故連捷也、

失其姓氏

乙山辛向

五運所扦

	四八 四	八三 九	六一 二
乙	五九 三	三七 五	一五 七	辛
	九四 八	七二 一	二六 六

巽龍轉甲入首巽巳方界水兌位有內堂水子癸方有大河冲腰戌乾大水外堂乾兌兩宮大水

仲山斷曰此坟葬後財氣漸旺因乾兌兩宮有水山臨五黃主丁少且坎方有直河冲腰主出寡婦坤為

母故也主人白、寡婦世世不斷、

此局葬後財瀬旺者得向上旺星又有太水、故主財也、山上旺星是五、本主丁多、何言丁少、因山上運盤是三、旺星是五木尅土也、中宮亦犯此病、故主丁少、坎方直河沖腰、坎上是一、為少男、向星飛到是二、土尅水也、二為坤、為寡宿、犯直河沖動、定出寡婦、若無直河沖腰、雖二一仝宮、斷無害也、然此地交七運、向星入中、必主敗矣、

徐姓祖坟

卯山酉向

五運所扦

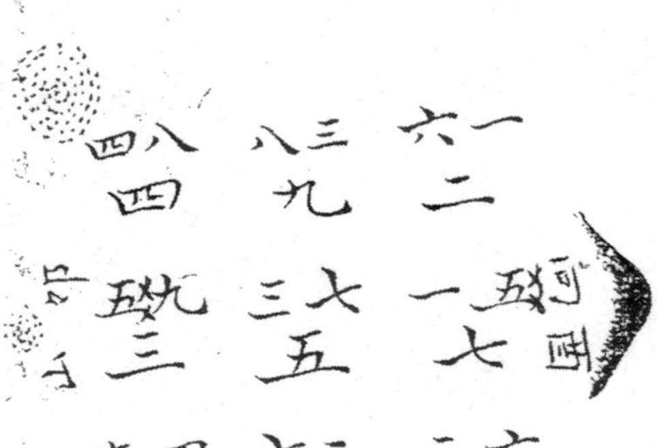

卯				酉
	四 八 四	八 三 九	六 一 二	
卯	五山 九 三	三 七 五	一 五向 七	酉
	九 四 八	七 二 一	二 六 六	

離方有水、巽方水特大、艮方又有大水、卯方有小池、

兌方有山高而逼、

仲山曰、此地扦後、大主淫亂、主人曰、先生須看得真、

仲山曰、非此無可斷、主人嘿然、

此局葬後主淫亂、因兑方有山高而逼、旺氣不通五為九離也、離為中女、主婦人掌權、乾為主為太六到乾位、巳犯伏吟、故家主不管閒事、主淫亂者、卯方池水是五九、即九九、艮方大水是四九、書云、陰人滿地成群、紅粉場中快樂、巽為長女、離為中女、均生欲火、盡皆淫亂矣、

伊姓祖坟

癸山丁向

五運所扦

	丁向	
二一 四	六五 九	四三 二
三二 三	一九 五	八七 七
七六 八	五四 一	九八 六
	癸山	

巽上溪水来從離横過至庚酉辛屈曲消出巽方有節孝坊

仲山曰此地葬後大發財丁因旺星到山到向向上又有水故也巽方本一四全宮又有節孝坊高起主

發科名之顯因地卦二宛天卦一故不出讀書之人六運平平因艮方無水故也七運大發因水屈曲出於兑方也然七運多官訟何也七為兑為口舌又七運運盤到巽是六巽方節孝坊高起故主訟也

此坟東首相連一穴山向局運均仝於此葬後亦大發惟他二女一子皆啞何故因伊姓之坟塞于兑方兑為口為少女故主兩女啞也一子啞者八到兑八即艮艮即少男故生一子啞也此即蔣公云毫釐千里落空亡即此之謂也

華姓祖坟

癸山丁向

五運所扦

丁向

二一 四	六五 九	四三 二
三二 三	一九 五	八七 七
七六 八	五四 一	九八 六

癸山

此地巽方来水、至兑方屈曲而去、又巽方水外有尖秀之峯

此局葬後大發財丁、旺星到山到向、向上又有水也、又主科甲連捷、因巽方一四仝宮、又得水外尖

峯之妙雖有二黑金到不能害也書云一四全宮準發科名之顯六運平平因艮方無水故也然艮方是六七運大發刑名官至三品刑官因雙七臨於兌而水又屈曲而去此即城門一訣法也

失姓氏

癸山丁向

五運所扦

丁向

二一 四	六五 九	四三 二
三二 三	一九 五	八七 七
七六 八	五四 一	九八 六

癸山

此地水從巽方来至兌方消出。兌方有尖峯。

此坟葬後亦發財丁。惟兩女一子均啞。何也。因兌方有尖峯。兌為口舌。雙七臨於兌。兌為少女。故主二女啞也。一子啞者。因八到兌。八即艮。艮為少女

男、故主一子啞也發財丁者、旺山旺向、向上有水也

周姓祖坟
壬山丙向
五運所扦

	丙向	
九八 四	四九 九	七六 二
八七 三	一九 五	二二 七
四三 八	六一 一	二一 六
	壬山	

此地坤方有水光

此坟初葬不利因上山下水之故交六運財丁兩旺因坤方有水發光然坤方是六故主六運旺也一交八運長房不出丁財亦敗矣爾時長房尚有

一子。於道光七年丁亥。二黑入中。亦白太歲到向。

金尅木巽為長。故主長房之子。出痞而亡也。

餘姚徐姓祖坟

丑山未向

五運所扦

九三 四	四七 九	向未 五8 二二
一四 三	八二 五	六九 七
五8八 八 山丑	三六 一	七一 六

此地乾方有水巽方有紅廟錢蘊岩白此坟葬後富貴兩發至六白運中舉五人出一神童十五歲中進士十九歲吐血而亡現交八運長房難免淫亂於今科名已無財氣甚大

此局大發財丁者、旺山旺向、且中宮是五、向上是五、向與中宮合十、山上又是五、山與中宮亦合十、向與山亦合十、故大發、發科甲者、乾方開宕之水得一六合宮之妙、巽方有得四九為友、紅廟高聳之妙、故主科甲也、中五入者、因山上旺星是五、故也、至八運功名無者、因八白上山、艮方無一四、故也、八運長房出淫婦者、因巽為木、巽為長女、故主長房也、又巽方有九九為欲火、且有三三為長男、為賊星、以欲火之女、與賊星之男、全宮全居、豈無

淫亂私情爭財氣大旺者得合十合十五之妙也、

陳餘六祖坟

乙山辛向

六運所扦

辛向		
三七 五	八三 一	一五 三
二六 四	四八 六	六一 八
七二 九	九四 二	五九 七

乙山

戌乾亥有浜水至庚酉辛濶太坤申消出艮方另插一浜直射穴後

仲山曰此等山向凶多吉少主人曰葬後六百有餘畝田一敗如灰寡居五六人仲山曰上山下水安得不

如此

此局艮方一浜射入到艮之星是三七二為寡宿兌為少女且山上六白為男男已落水故主傷男而出寡也来水去水並尅向首向上是一来水是九水尅火向上是一去水是五亦水尅火故言並尅上山下水葬後豈非一敗如灰乎此坟必無氣如有氣之地雖財丁兩敗而功名可許因乾兌兩方有水一為奎星九為文明雖尅無碍也

鄭姓祖坟
癸山丁向
六運所扦

丁向

一二 五	六六 一	八四 三
九三 四	二一 六	四八 八
五七 九	七五 二	三九 七

癸山　水响

癸丑艮高山出脉乾上瀦水响從兑坤流至離方艮方拖出一条山崗夘方低至巽方又起高山

仲山斷曰初葬時猶有旺星照穴離方有水尚屬平順一交下元甲子損丁作賊且病犯血症蓋損丁廉

貞並臨之故作賊者破軍失陷之故

此局初葬順利者旺星到向午方有水也七赤氣不通又有拖出一条穿砂故交下元甲子主作賊坐山上亦是七到作賊者定是本家且坐山上二五交加又五七仝宮乾上七九仝宮七為口離火色紅故主吐血也況火尅金乎然此地交八九兩運應順利因乾兑兩宮有水也盜禍終不能免因艮方有穿妙（砂）形不美之故也

周姓祖坟

壬山丙向兼巳亥

六運所扦

丙向

田

田

壬山

龍從坎方低山穿田至河口兌方有低田界清脈氣坤方有支水來堂未方亦有一支水暗來不見穴前只見辰巽巳三位高田不見水光坎方有河特特開宕由震而消艮方

仲山曰、惜乎此地、前朝遠而不秀、巽方水光、未能圓亮開光、否則為狀元地也、今狀元峯不秀、特貪狼方又無水、富而已矣、恐小功名亦所難得、其言悉符、此局壬丙兼巳亥、用坤壬乙法、向上得一六八、山上亦得一六八、故仲山許其為狀元地也、然巽方一白是高田而無水、狀元峯即朝山、遠而不秀、故言小功名亦無所有、僅得富而已矣、若朝山一秀、巽方有水放光、此即六白秀峯配一白水、有不中元者乎、

胡姓氏祖坟
午山子向
六運所扦

午山

二一 五	六六 一	四八 三
三九 四	一二 六	八四 八
七五 九	五七 二	九三 七

子向

来水　来水

離方有高山、乾方有石橋、艮方亦有石橋、乾方来水、艮方来水、至亥方消出、

此局葬後傷丁、祖業敗盡、因旺星到高山、乾方来水石橋是三七九、向上是二五七、艮方石橋是五七九、

雖山上旺星到山不旺人丁而反損丁何也因乾坎艮三方大玄之故此可參山旺人丁之活法也

陳姓祖坟

庚山甲向

六運所扦

山 庚

九五 五	四九 一	二七 三
一六8 四	八四 六	六8二 八
五一 九	三八 二	七三 七

向 甲

此局寅峯獨高艮宮見水讀書之聲三元不絕現行八運少丁少財八九一為陽餘為陰寅峯高起探頭在陰位本家應出一賊其應在二房以坎為中男離為中女故也

孫姓祖坟

癸山丁向

六運所扦

丁向

一二 五	六六 一	八四 三
九三 四	二一 六	四八 八
五六 九	七五 二	三九 七

癸山

此地午方有壩水响，從未坤申轉庚酉辛潤大，至辛戌方消出。

此局葬後，財丁大旺，因雙六到向，向上有逆水，故也。山到向上，為外生內不妨，故丁亦旺，惟子孫夛頭眩病何也因向上旺星是六六為首壩水响動故主頭眩之病且山上龍神下水主外症也坤上之水是四水也兑方大水是八四七金尅四木我尅者為水財又土生金故大旺財也七運平平因艮方無水故也至八運財氣更大兑方有大水故也

金姓祖坟
巽山乾向
六運所扦

巽山 四八 五	九三 一	二一 三
三九 四	五七 六	七五 八
八四 九	一二 二	六8 七 乾向

此地来龍由巽入穴向上湖水如鏡坤方有水兌方有遠水来合出於坎方震方有河浜

仲山曰此坟有財有丁兼有秀只坤上之水天卦受尅主損男丁主人曰何房承當仲山曰房房枯着蓋

由挨星地卦二尅天卦一之故也

此是財丁秀之局向得旺向財也向上亦添丁故主財丁六白為官星故亦主秀兌方遠水來兌是五有水來地之力反悠久即七赤運亦不忌其入中矣坤方地卦是二天卦是一謂下尅上水被土制此方又有水故主損丁況坎方亦是一二巽四上山安得不房房損着者乎

徐姓祖坟

癸山丁向

六運附扦

此地坎龍三台落脉未坤方有水流入離方離方有湖穴前不見湖面其湖收小如鏡

仲山曰此坟四運葬後大敗財源於六運原向附葬發科甲四運葬後所以敗者不得其時吉地亦凶由

退神管向也六運所以發者由進神管向也
四運中立此向雖形巒甚美而水裡龍神上山故
大敗財源六運附葬旺星到向向上之湖又得一
六仝宮天玉云紫微會八武秘斷白驅車朝北闕
時聞丹詔頻来所以發科甲也

鄭姓祖坟

戌山辰向

七運所扦

辰向		戌山
九七 六	四二 二	二九 四
一八 五	八六 七	六四 九
五三 一	三一 三	七五 八

此地龍從離方屈曲而来。由乾入首。內堂水從癸丑方来。外堂辰巽巳甲卯乙方水甚大。由艮至坎消出。仲山曰。小財丁地。綿遠不敗。但子孫必有折足者。尤發。主人曰。然。自明迄今。却大發。清初以来。此坟下子

孫代代出一蹺子。故土名呼為蹺子坟頭。

此局旺星到山到向。故主丁財綿遠不敗者。向上旺星是六。若到因時。須得一百八十年。故言綿遠也。小財丁者。巒頭形局不大也。子孫出蹺足尤發者。因艮方出水處。水法形如蹺足。故斷蹺子。尤發者水大也。且飛星到艮是三。三即震。震為足。更加其形如是。故主足疾無疑矣。

慈溪俞姓祖坟

子山午向

七運所扦

午向

四一 六	八六 二	六八 四
五九 五	三二 七	一四 九
九五 一	七七 三	二三 八

子山

此地平田龍從子癸方来乾坤艮巽四維之方均有水

錢蘊岩曰此地主餓死後果以中瘋不得食餓十餘日而死家業亦蕭條矣

前有陳氏坟於二黑運所扦。亦四維之方皆有水。水外有山。其坐朝亦與此相同。葬後出名儒巨富。此地亦四維之方有水。特水外無山。何致餓死。蓋彼係旺龍旺向。四方配合有情。此局乃是衰向。全無生氣入門。向首低星是二。二為坤。坤為腹。向星是六。六為乾。乾為頭。頭腹毫無生氣。所以餓死。此與陳氏同局。所謂吉凶不同斷也。

王御史祖坟

丁山癸向

七運所扦

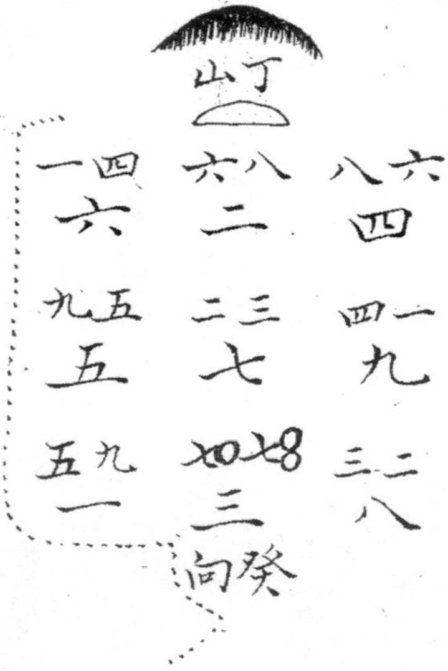

丁山

一四 六	六八 二	八六 四
九五 五	二三 七	四一 九
五九 一	四七8 三	三二 八

癸向

此地離方高山貼身出脉起墩坤方低巽震澗水流至艮坎聚消無朝案

仲山曰此地葬後惟有財而無貴得六十年旺氣出御史非此地也

此局兩盤七到向。財自旺矣。八運本屬不通氣。而山上龍神已在水。故不主凶。而反吉。九運艮方有水。仲山所以云六十年旺氣也。不發御史者。因坐後無好峯。朝山無峯。八方又無秀拔之峯。故主富而已矣。發御史者。另有別地也。

馬姓祖坟

辰山戌向

七運所扦

辰山 戌向

七九 六	二四 二	九二 四
八一 五	六八 七	四六 九
三五 一	一三 三	五七 八

此地龍從卯乙方轉巽入首離方山活石巉岩至坤兌轉至乾方作朝案案外飛竄不靜穴前有水仲山斷曰此坟葬後吉不抵凶初運財氣順利至壬申年雖免傷丁現行艮運財丁兩衰乙未年主有官

訟。丁酉年亦有官訟。主人曰然。初運順利。旺星到向。向上又有水也。然形巒巉岩。故吉不抵凶。且運又甚短。壬申年太歲八白入中。九到向上。山上三九移在向上。所以損丁。況案外朝山。斜飛不静。一交八運。向星入中。乙未年官訟者。太歲三碧入中。七到離方。離方巉岩。故主訟也。丁酉年太歲一白入中。七到坤方。坤亦巉岩。故又訟也。

辰山戌向兼乾巽三分

八運所扦

辰山		
六八 七	二四 三	四六 五
五七 六	七九 八	九二 一
一三 二	三五 四	八一 九
		戌向

此地龍從辰巽来、辰巽方有高峯、戌乾方有大水放光。

此局本上山下水、已主凶矣、且辰巽巳之龍、八運已是死龍、巽龍地盤是木、八運運盤到巽是七、犯金尅木，故言死龍也。八運立戌向，向星到辰，是八巽木又来尅土，龍神交戰已極，此地必當出大盜滅族之人。因辰為天罡星，戌為地煞星，故交一運，必出兇惡狼子之徒，因一到向上大水故也。至二運三運，必犯滅族之禍矣。若坐下無山，向上無大水，只主斬絞徒流，斷不至於滅族也。

鄒狀元祖坟

卯山酉向

九運所扦

卯				向酉
	一八 八	三六 四	一八 六	
	九九 七	七二 九	五四 二	
	四五 三	二七 五	六三 一	

此地卯方高山尖頂落脉、縮細又聳尖頂、仍落脉生石鉗、鉗之前、生土墩、緊靠墩莫儼如圈椅、上降軟砂數層、以作内襯、乾峯遠出十餘里、堂氣寬大、兌方河水十餘里、屈曲来朝、

仲山斷曰。獨取乾峯發貴。向上之水。坐下之山。形局雖甚美。恐財丁不大旺。此不得時之故。有此美地。使得運得局。定當大發。惜乎不得其時。但取乾峯發貴而已。可見單講巒頭者。如不得時。吉地大減力量。乾方一六仝宗。又三碧震木。亦主功名。故四運內則發鼎甲無疑矣。

許姓祖坟

丁山癸向

九運所扦

三六 八	平田 丁山 八一 四	低田 一八 六
二七 七	四五 九	六三 二
七二 三	九九8 五 癸向 湖水	五四 一

此地平洋午龍入首，左低田右河濱，前太湖，

仲山曰：敗丁敗財，因向上湖水受煞，前鄒姓之坟，因旺星不到向，大減力量。此局旺星到向，如何云敗丁敗財，蓋九紫運最難取裁，向上

無水固屬不美、向水太旺、火光越盛、亦不宜、況兑三碧木生火、震七赤火比和、火會聚助向首、火愈熾矣、此可為粗知旺星者戒、九紫運往往雙到向、不能到山、大抵山上一、盤取二黑、八白龍入首、向上之水、取田源溝渠之水、或狹河港亦可、一白方不通氣、固屬不可、一白方水大、亦嫌、水尅火、總之不宜見大水為是也、

陽宅秘斷

陶姓屋

丑山未向

五運所造

門		未向
九三 四	四七 九	二五 二
一四 三	八二 五	六九 七
五八 八	三六 一	七一 六
山丑		

向上有破屋井水門開巽方門前有三叉水口兑方有水至巽方門上聚消

此屋住後財丁頗好因旺均到至六七兩運病人常見女鬼因向上有參差之樓故也

子山午向兼癸丁宅

五運所造

午向

二一 四	六五8 九	四三 二
三二 三	一九 五	八七 七
七六 八	五8四 一	九八 六

子山

此宅兌方有暗探七運見鬼八運已消可見暗探必主出鬼不必拘定二黑為鬼也

此屋住後出寡婦中年以上人丁尅死因坤土尅坎水故也此從屋向斷門不從門向斷也

壬山丙向兼巳亥宅

五運造此局用變

卦故七二入中也

丙向

一六 四	六二 九	八四 二
九五 三	二七 五	四九 七
五二 八	七三 一	三八 六

壬山

此屋住後寡婦當家如夫人家政因二為寡宿七五

入中宮七為少女故主如夫人主家政也

辛山乙向兼辰戌宅

五運造此局用變

卦故七二入中也

乙				辛
	八三 四	三七 九	一五 二	
乙	九四 三	七二 五	五九 七	辛
	四八 八	三六 一	六一 六	

此屋住後多女少男連產八九女只生一男坎方有

路如夫人所生聰明正配生者愚鈍因一六到坎故

也生女者何也所謂氣衰也即陽卦六生女故也

坐子向午兼癸丁宅

六運所造

午向

一二 五	88 一	八四 三
九三 四	二一 六	四八 八
五七 九	七五 二	三九 七

子山

此屋財氣大旺丁氣亦佳因旺星到向向上有水也然辰巽方是一二墻外有坟左邊當出一書腐未坤方有門屋臨於四八之位右邊亦出一書腐因一為奎星四為文昌皆被土壓故主書腐若無坟書屋不過不出讀書之人而已

子山午向宅

六運所造

午向

一二 五	六六 一	八四 三
九三 四	二一 六	四八 八
五七 九	七五 二	三九 七

子山

此屋對宮有屋尖冲射中子當家因坎入中坎為中男故也然向被官府暗算本屬旺向因向上有鄰屋冲射向上是六六為官星故主之

坐子向午兼壬丙宅

六運所造

午向

一 二 五	六 六 一	八 四 三
九 三 四	二 一 六	四 八 八
五 七 九	七 五 二	三 九 七

子山

向得六白所謂雙乾到向乾為陽首此屋坐子向午為地畫八卦之坎宅陽六為坎宅之生氣金生水也且合紫微八武全到之妙便門開震巽方進內屋巽方二黑為孤陰為坎宅之難神坎宅乃水也水被土

尅故為雜神再見一白全在巽宮土尅水也一為奎星主出讀書人今受土尅故讀書將成多病生水虧之症恐夭

此屋內戶門宜離兌艮三方為合因離六白旺氣也艮七赤生氣也兌八白生氣也次走坤路亦平安四碌門四為文昌切忌走巽門路巽方是二主病苟且尅坎宅灶為一家之主此屋灶宜震打方火門宜向酉木生火火生土也又宜打兌方火門向震火生土木生火也又宜打坤方火門向坎木生火火生土也

但巽方是宅之病符、坎方亦是宅之五黃、均宜避之、
如火門向艮、是火尅兑金、主口舌、有肺病血症、如離
方名火燒天、主出逆子、書此可通諸宅之法、

會稽任姓屋

坐子向午兼壬丙

七運所造

午向

四一 六	八六 二	六八 四
五九 五	三二 七	一四 九
九五 一	七七 三	二三 八

子山

前面地勢高、後大河、乾坎艮方均現水白光、後有大槐樹、照水一片綠色、屋內多陰暗、

住此屋者、財丁兩旺、因雙七到後、後有大河、故主大發、然此屋有鬼、以身穿綠衣女鬼、至申時出現、何也、

因雙七到坎七為兑兑為女也二黑到乾二為坤母五黄到艮為廉貞即九離為中女五黄又為五鬼此三方皆有大河水放光合坐下之七即陰神滿地成羣故主出女鬼于申時出現者以坎為陰卦申時者陰時也穿綠者因槐樹映水綠色故也且屋以陰暗鬼亦所棲也

於八運初錢薪岩為之於未方開一門至今鬼不現矣何也因未方到八白旺星艮方變為二黑五鬼已絕故無鬼也此乃一貴當權衆邪並服之謂也

會稽章姓屋

坐子向午兼癸丁

七運所造

門 四一 六	午向 八六 二	六八 四
三九 五	三二 七	一四 九
九五 一	七八 三 子山	二三 八

此屋向星到後定主財丁兩旺雙七臨於坎至八運財氣大退因坤方無水且有破高樓塞壓名為上山故主大退財源官訟不休訟者六到坤六為官星故也此屋若兩房合住書云一到分房宅氣移一門換

作兩門攏左邊所住之人居一五之位乃是艮方八運上山定主蕭索右邊所住之人乃是八位雖係上山地盤尚旺較左邊之財太有高下然總不吉也門開一四之方書香是好兑方所住之人一四全宮定有採芹之人屋後之河乾方有蹺足之形且居於乾之三三為震震足也住乾方屋者必出一蹺子左邊所住丑方之人必出一瞽目女孩因丑方九五同宮且有門屋塞壓九即離離為目五即土目中有土故主瞎也書云離位傷殘而目瞎左屋之灶建於震方

震九位火門向午午即六也定主父子不睦書云火燒天此也然無罵父之兒因形局無張牙相鬥之勢也

胡姓甲山庚向宅

七運所造

四八 六	九四 二	二六 四	
甲山 三七 五	五九 七	七二 九	庚向
八三 一	一五 三	六一 八	

此宅丁方有一条直路而進此屋山顛水倒本主不吉且離方之門前有直路冲進又是二四全宮定主姑媳不睦書云風行地而硬直難當定有欺姑之婦即此之屋也然幸有九到門上火能生土故不至於

氣結而死。

坐申向寅兼艮坤宅

七運所造

		申山
三二 六	八六 二	一四 四
二三 五	四一 七	六八 九
七七 一	九五 三	五九 八
向寅		

此屋住後財氣頗佳然巽方有高樓冲射必有一老寡婦爭田涉訟因六為官星二為寡宿二為田土故也又有少女喜中男少女伴一中男也因向上雙七七為少女又向上有一到一為中男故以少女伴一

中男之故也。

張村屋

子山午向兼癸丁

七運所造

路

巽門	午向	
四一 六	八六 二	六八 四
五九 五	三二 七	一四 九
九五 一	七七 三	二三 八
	子山	

門開巽方前有直路濶大從午方引入此屋向星上山後無水本主不吉門開巽方本一四仝宮主科名因路氣直冲為水木漂流四為長女故主婦人貪淫路從午方引入直進到門主外人進来到来個光頭

和尚何也因向上六在于離方頭被火燒故主光頭入於一四之門與婦人交接且巽為僧故主之然此門前必有抱肩砂否則無此病也

許姓屋

子山午向兼癸丁

七運所造

路

午向

六	八六 二	六八 四
五九 五	三二 七	一四 九
九五 一	三	二三 八

子山

路

屋後有河巽方開門路從艮至震震至巽引入門中此屋住後財丁兩旺因旺星到後後有河水故也門開巽方乃一四仝宮之門準發科名且向上是六巽方運盤亦是六六為首且六與四合十又一與六仝

宮當爲案首故孟仲兩人均考案首而進進氣艮震

兩方之路均犯九五全宮之病故出瞽目之人

湖塘下陳姓屋

亥山巳向

八運所造

八一三五　四七五一　三八六九　亥山

六五三三　二九七八　七四二四

巳向一一八七　九二九六　五六四二

屋後有缶三座在戌乾亥方巳方照牆寅方開大門門前有大湖放光又直冲門門前亦是寅向此屋住後家主即吐血而亡因乾方六九全宮巳犯離火尅乾金又有三缶火光透熖真火又來尅乾金離九色赤乾為主故主家主吐血死寅方之門二四

金宮二為姑四為媳又有直路冲門門前又有五黃大水故主姑媳不睦而致訟訟者因六金到艮宮六為官事故也書云風行地而硬直難當定有欺姑之婦次于病後啞者何也因巽為風為聲寅方之門四二五金宮土塞聲上故主失音姑媳不潔者中宮七二九金宮書云陰神滿地成羣紅粉塲中快樂即此之謂也

若門向向丑八白旺星到門主二十年吉利斷無諸患所謂一貴當權諸邪咸服

東溪周姓屋

酉山卯向兼乙辛

八運所造

二五 七	六一 三	四三 五
三四 六	一六 八	八八 一
七九 二	五二 四	九七 九

山酉 (井)

卯向

坐後辛方有井此屋作書房於道光乙未丙申二年

先生打死學生兩人皆頭上受傷而死

此屋旺星到山本主不吉運星之六入中已洩中宮

之土乾六為首為師長巽四為木為教令向上三四

六仝宮首上已加木矣中宮入六一仝宮少男頭上已有血矣辛未之井雙入到辛入為艮為少男為小子井在運盤之坎坎為血卦必待乙未丙申年應何也乙未年三碧入中中宮首上加木矣五黄到井五為大煞書云五黄到處不留情一白到處一為坎坎為血向上是六頭已出血故主打死打死之月必然是二月四入中中宮頭上重加木矣六白到井頭上現血二黑到向太歲臨向矣所傷之人必是肖虎者丙申年四录到井二黑入中太歲臨於中宮矣四到

井上。木尅土也。然必是二月一入中宮頭上見血傷者必肖丑也。

未山丑向宅

八運所造

未山

六三 七	一七 三	八五 五
七四 六	五二 八	三九 一
二八 二	九六 四	四一 九

向丑

乾坎兩方有水放光、至丑方門前橫過、此屋住後丁財頗佳、因旺星到坐到向、向上有水故也、惟歉乾坎兩宮之水、皆四六九仝宮、乾方本無六到、而地盤是六、故亦四六也、書云、巽宮水路纏乾、至有吊梁之厄，故此屋內有一女人，身穿紅衣黑背心，坐而吊死，何也？因乾方地盤是六，金六也，主重，故不能懸起，坐而吊死。穿紅衣黑背心者，因九一全宮，九為離，離色紅也。離中虛，落於坎位，坎色黑，且中滿填補離中虛，故穿紅衣黑背心也。

若六在上，四在下，主懸吊矣。

甯波府基

坐癸向丁兼丑未

八運修造

丁向

三三 七	八七 三	一五 五
二四 六	四二 八	六九 一
七八 二	九六 四	五一 九

癸山

此府兼未應用變卦丁即乙乙即巨門乙陰逆行二入中七到向此屋八白運修造用變卦七到向向上犯三七疊臨主劫盜故夷人来劫財也未坤申方雙五廉貞一白又在仝宮一水賊也廉貞火也庚酉辛

方方離火獨焰一六又在金宮一為水賊六為兵刃故主海盜從西門而入盡燒屋宇戌乾亥上方加離離上加廉貞壬子癸方六九金度辰巽巳方三七疊臨丑艮寅方亦是二七金度二為火星七為兵刃震方亦是風火金宮故主滿城皆火賊也

以上諸斷法無論陰基陽宅必須心靈目巧形氣兼觀若拘拘於呆法者不足論於元空之道也但求地必先以積德為主不善之家慎之慎之

八宅天元賦

元天垂象九霄開梵氣之中大地炳靈九野兆坤維之紀。龍馬以河圖起瑞神龜以洛書效珍。剖混沌之先機。昭乾坤之大法。自然妙化。至人因之建都邑以御萬邦授室廬以綏兆姓明堂九室見於月令之文。方井八家考之徹田之制。

此段統論象數之始

粤稽黄帝始創宮室。我祖文公爰營洛邑當時著為憲令。後世遵為遺規生民日用而不知聖人先知而亦議秦火之後典籍蕩然千聖不傳之心一線寄諸哲士黃石授之圯上乃出青囊蕭相功成未央大開北闕逮於管郭微言莫稽比及楊曾正術始顯自嗣偽書雜出異軌爭馳家家造滅蠻之經人人排掌中之卦辭能害志偽且亂真斯固世運之衰微抑亦天機之隱秘不得雲陽之訣豈知幕講之傳

此統論地理之流傳而歸重於無極得傳於幕師為正宗幕講一名目講為吉安劉達僧高弟無極寔得目講之傳以續楊曾之緒

萬世洪荒一朝剖破、
統結上二段贊美雲陽子
坐山定宅宅既不真東西分宮宮亦全謬五鬼六害、
豈皆絕命之神生氣天醫不盡延年之路貪狼巨門
高聳本是吉星廉貞破軍昂頭詎真凶曜欲執遊年
訣法斷無取驗機關
此辨宅書之非
要明八宅之真先識九宮之數年分甲子運轉三元
上元一白為君坤震夾輔中元四綠居首五六相承

七赤下元艮離裏旺

此指氣數之真是天元賦正文前後皆發明此秘

春榮秋落莫尋出運之龍陽往陰來須遇本宮之水正直偏曲惟貴格清廣狹淺深只求位的

示人以入用之法

形局之模糊猶可方隅之雜亂難言曠野平原端取流神結體闤廟村鎮都將衢路分蹤城隅依城為憑山谷傍山立宅高樓峻宇嶠星借揷於鄰家堰閘橋

梁、動氣交衝乎轍跡、墻垣皆能障蔽、竹木亦可攔當、

此言氣之所到以形而受

總之水為引氣之元精、察其来、又看兜抱、風是送氣之神物、性主散、須用遮攔、呼吸須辨陰陽、化機總歸一物、風之所送、即是水之所交、陽之所噓、亦即陰之所吸、交類牝牡、如影隨形、應若宮商、似響斯答、水氣在土膚之上、當以光交、風来空虛之中、但隨質取光交、親憑目覩、質取變有多端、若逢空缺即為来、一有遮攔旋作止、辨明来止二氣方知噓吸真機、

此言風水分途揚鑣殊轍同歸

更有宅神尤多妙用、權衡內外錙銖吉凶、蓋外氣是宅外之風水、內氣是宅內之方隅、內外俱吉是仙宮、內外俱凶成廢宅、外凶內吉僅許小康、外吉內凶、難除瑕玷、

此言曠野一家之宅、非言城市比屋之居、論曠野居宅但辨內外二宅氣凡宅皆同俱宜分清

若夫接宇連甍、尤重升堂入室略陳規矱、以備推求、大體先論宅形機括更看門路、四方正直、備有八宮◎

匾濶直長偏居二卦、一曲須論首尾、三灣亦取兩頭、長短消除、廣狭轉變、均齊方正有左衰右旺之時、缺曲偏斜、辨此濁彼清之界、卦有定理、格不一方、

此論接宅法兩一曲首尾三彎兩頭二句是十古傳心之秘切宜最玩

假如震兑横若几樣、二卦適均、艮坤折如罄形、兩宮並至、試問門開何地、乃知氣入之源、嚴搜内室何方、始定歸根之路、若門通前後、則卦不一專、更臥室居中、則氣收兩舍、

此論形異氣別

向兼寅甲坐雜亥壬東房富則西房必貧南枝榮則北枝定萎亦察重輕於門路方測淺深於卦爻折爨乃彰合居不判

此分一宅榮枯而以出卦兼為戒

欲較門之力量亦辨宅之形模方宅四週門通八國如其曲折難以推移坤向深沉兌離二門皆不應正南重疊巽坤兩戶總無憑門若居中左右截然分氣或開傍門一邊獨領真情全憑內路之曲折直長引

坤入室井審傍門之有無紕雜漏氣奪胎總之多門不如一門之精專遠路豈如近路之親切總門統一家宅主之隆替房門辨夫婦衽席之安危

此論門路

別有男女弟昆驗分居之房闥下至婢奴妾媵據所授之一廛萬花谷裡豈無一樹先零數罟池中亦有鯨魚漏網

此論大小男女主奴房室

宅大則所招之勢必遠宅小則所受之氣亦微總求

領氣為樞機細審真方分順逆．

此論大宅小宅收氣厚薄

改一門頓分枯菀．移一巷立辨災祥．折屋添房．看取東宮西舍．整新換舊．須知旺位衰方．

陽宅氣從門入．盡有失元之地．改一旺門．便能起衰得元之地．行一衰門．便至減福．尺寸之間．不可不慎也．凡開門當問其起居．造之年是何時．用飛宮掌訣．審明某方最旺．宜開門．而所開之門．又必與目前最旺之運相合．方可起衰．若但

知門旺而本宅所造之元運在或尅或洩之方反見凶煞所謂改門宜從旺方開旺門也此論修改之法

或彼家吉而此家凶或昨日興而今日替其機可畏其理雖明歟肉食之終迷遇真詮而罔覺有宅於此吾所共疑何祖父顯而末祚中微何舊主傾而更姓驟起亦有弟肥兄瘦豈無主弱奴强愚人不識氣機輒議全無宅法不見芳春綠蓐賡秋霜而自凋譬諸大旱赤焦沛甘霖而立起吉人趨其景運薄祚遘其

良時寔有天心。適符地脉。此理捷於影響。至人秘而不傳。

此示人審運宜趨吉而避凶。宮室不同。與生人之命運相合。

世重葬經。每輕宅相。夫皮氣入骨。固人道敦本之常經。立命安身。亦孝子守身之本務。祖先寔以後昆為血脉。邱墓反以住宅為安危。其理甚微。不可不察。且死者已枯之骨。非歷久而不榮。生人食息之塲。隨呼吸而立應。欲求朝瘁暮榮之術。須識移宮換宿之奇。

歷試不逾吾言若羿

此以陰宅比論

將此有任慎簡其人苟非同天地之心何以通造化之妙按圖索驥難悉端倪觸類引伸粗陳大概省察於機寓乎目變化之巧因乎心書不盡言言不盡意果精其術真堪羽翼斯民克守遺規庶以延長世澤至理不易上士何由傳之下愚天道無私祖父豈敢貽其孫子我滋懼矣尚慎旃哉

此段總結上文

右文華亭蔣平階大鴻氏譔
魏柏鄉相國家藏傳家得一錄蔣公得之武夷道
人始著此賦其發明天元精奧全豹可窺視五歌
更為細密同志者其寶之
歲在丙戌午月穀旦虛懷主人竹臣錄

占筮類			
1	擲地金聲搜精秘訣	心一堂編	沈氏研易樓藏稀見易占秘鈔本
2	卜易拆字秘傳百日通	心一堂編	
3	易占陽宅六十四卦秘斷	心一堂編	火珠林占陽宅風水秘鈔本
星命類			
4	斗數宣微	【民國】王裁珊	民初最重要斗數著述之一；未刪改本
5	斗數觀測錄	【民國】王裁珊	失傳民初斗數重要著作
6	《地星會源》《斗數綱要》合刊	心一堂編	失傳的第三種飛星斗數
7	《斗數秘鈔》《紫微斗數之捷徑》合刊	心一堂編	珍稀「紫微斗數」舊鈔秘本
8	斗數演例	心一堂編	
9	紫微斗數全書（清初刻原本）	題【宋】陳希夷	斗數全書本來面目；有別於錯誤極多的坊本
10-12	鐵板神數（清刻足本）——附秘鈔密碼表	題【宋】邵雍	無錯漏原版秘鈔密碼表　首次公開！
13-15	蠢子數纏度	題【宋】邵雍	蠢子數連密碼表打破數百年秘傳　首次公開！
16-19	皇極數	題【宋】邵雍	清鈔孤本附起例及完整密碼表研究神數必讀！
20-21	邵夫子先天神數	題【宋】邵雍	附手鈔密碼表研究神數必讀！
22	八刻分經定數（密碼表）	題【宋】邵雍	皇極數另一版本；附手鈔密碼表
23	新命理探原	【民國】袁樹珊	子平命理必讀教科書！
24-25	袁氏命譜	【民國】袁樹珊	
26	韋氏命學講義	【民國】韋千里	民初二大命理家南袁北韋
27	千里命稿	【民國】韋千里	
28	精選命理約言	【民國】韋千里	北韋之命理經典
29	滴天髓闡微——附李雨田命理初學捷徑	【民國】袁樹珊、李雨田	命理經典未刪改足本
30	段氏白話命學綱要	【民國】段方	民初命理經典最淺白易懂
31	命理用神精華	【民國】王心田	學命理者之寶鏡

心一堂術數古籍珍本叢刊　第一輯書目

編號	書名	作者	說明
32	命學探驪集	【民國】張巢雲	發前人所未發 稀見民初子平命理著作
33	澹園命談	【民國】高澹園	
34	算命一讀通——鴻福齊天	【民國】不空居士、覺先居士合纂	
35	子平玄理	【民國】施惕君	
36	星命風水秘傳百日通	心一堂編	
37	命理大四字金前定	題【晉】鬼谷子王詡	源自元代算命術
38	命理斷語義理源深	心一堂編	稀見清代批命斷語及活套
39-40	文武星案	【明】陸位	失傳四百年《張果星宗》姊妹篇 千多星盤命例 研究命學必備
相術類			
41	新相人學講義	【民國】楊叔和	失傳民初白話文相術書
42	手相學淺說	【民國】黃龍	民初中西結合手相學經典
43	大清相法	心一堂編	重現失傳經典相書
44	相法易知	心一堂編	
45	相法秘傳百日通	心一堂編	
堪輿類			
46	靈城精義箋	【清】沈竹礽	沈氏玄空遺珍
47	地理辨正抉要	【清】沈竹礽	
48	《玄空古義四種通釋》《地理疑義答問》合刊	沈瓞民	
49	《沈氏玄空吹虀室雜存》《玄空捷訣》合刊	【民國】申聽禪	玄空風水必讀
50	漢鏡齋堪輿小識	【民國】查國珍、沈瓞民	
51	堪輿一覽	【清】孫竹田	失傳已久的無常派玄空經典
52	章仲山挨星秘訣（修定版）	【清】章仲山	章仲山無常派玄空珍秘
53	臨穴指南	【清】章仲山	門內秘本首次公開
54	章仲山宅案附無常派玄空秘要	心一堂編	沈竹礽等大師尋覓一生未得之珍本！
55	地理辨正補	【清】朱小鶴	玄空六派蘇州派代表作
56	陽宅覺元氏新書	【清】元祝垚	簡易・有效・神驗之玄空陽宅法
57	地學鐵骨秘　附　吳師青藏命理大易數	【民國】吳師青	釋玄空廣東派地學之秘
58-61	四秘全書十二種（清刻原本）	【清】尹一勺	玄空湘楚派經典本來面目 有別於錯誤極多的坊本